AF532952

JÜRGEN VON DER LIPPE, Jahrgang 1948, ist seit Jahrzehnten als erfolgreicher Comedian und Moderator auf Bühnen und im Fernsehen unterwegs. Er lebt in Berlin und ist unter anderem Träger des Bambi, des Grimme-Preises und der Goldenen Kamera.

Außerdem von Jürgen von der Lippe lieferbar:

Beim Dehnen singe ich Balladen, Geschichten und Glossen
Nudel im Wind, Roman

Besuchen Sie uns auf www.penguin-verlag.de
und Facebook.

Jürgen von der Lippe

Der König der Tiere

Geschichten und Glossen

Mit einer eingeschmuggelten Geschichte
von Torsten Sträter

Verlagsgruppe Random House FSC® N001967

3. Auflage 2019

Umschlag: www.buerosued.de nach einem Entwurf von Sabine Kwauka
Umschlagmotiv: Pavel Kaplun
Satz: Uhl + Massopust, Aalen
Druck und Bindung: GGP Media GmbH, Pößneck
Printed in Germany
ISBN 978-3-328-10341-7
www.penguin-verlag.de

Dieses Buch ist auch als E-Book erhältlich.

Inhalt

Vorwort

Obwohl die physiologischen Segnungen des Lachens zahlreich und nicht anzweifelbar sind, muss ich Sie aus gegebenem Anlass vor der Lektüre dieses Buches und dem Anhören des zeitgleich erscheinenden Hörbuchs warnen. Eine Dame, 64, Krankenschwester, schickte mir eine Mail, die ich auszugsweise zitiere: »... Auf der Rückfahrt aus dem Urlaub hörten meine Freundin und ich eine CD mit deinen Liedern, und ich musste derart lachen, dass in meinem Hirn ein Blutgefäß zumachte und ich eine ›Lach-Synkope‹ erlitt. (Ja, das gibt's wirklich.) Ich sah nichts mehr, ich hörte nichts mehr, auch nicht das panische Geschrei von meiner Freundin, und im Kopf tauchte so ein schwammigdumpfes Gefühl auf. Ich hatte das Lenkrad fest in Händen, den Fuß fest auf'm Gas und fuhr blind und quasi ohne Bewusstsein immer wieder gegen die Betonbegrenzungen auf dieser Brücke, wir wurden zurückgeschleudert und sind wieder und wieder dagegengedonnert. Endlich, am Ende der Brücke, kam ich halbwegs zu mir und konnte das Auto zum Stehen bringen. Jedenfalls hab ich jetzt ein kaputtes neues Auto mit gebrochener Hinter- und Vorderachse, kaputter Antriebswelle und zwei völlig zerfetzten Reifen. Nur wegen dir! Die Konsumenten deiner CDs sollten im Idealfall daheim im Sessel sitzen, und wenn sie dann vor lauter Lachen in Ohnmacht fallen, hat's der Notarzt auch 'n bisschen leichter, an sie ranzukommen.«

Natürlich habe ich »Synkope« gegoogelt und Folgendes gefunden: *Vorübergehende, kurze Bewusstlosigkeit durch eine Minderversorgung des Gehirns mit Sauerstoff und/oder Glukose. Je nach Ursache unterscheidet man unterschiedliche Formen: Die vasovagale Synkope entsteht durch Schreck, Angst und Hysterie und entspricht wohl am ehesten der landläufigen Vorstellung von Bewusstlosigkeit. Der Betroffene fällt in Ohnmacht, weil sein autonomes Nervensystem durch plötzlichen Blutdruckabfall die Gehirndurchblutung unterbricht. Eine orthostatische Synkope erleiden Menschen mit niedrigem Blutdruck, wenn nach längerem Stehen das Blut in den Beinen versackt. Erste Anzeichen sind Übelkeit, Schwäche, Frieren, Sehstörungen und Schwindel. Auch Urinieren (Miktionssynkope), Lachen (Lachsynkope), Husten (Hustensynkope) oder das Betätigen der Bauchpresse können Synkopen auslösen.*

Es ist also allerhöchste Vorsicht angebracht, wenn Sie beim Pinkeln dieses Buch lesen, lachen und dabei noch husten müssen!

Heute schon prokrastiniert?

Wer von Ihnen leidet an Prokrastination? Es bedeutet: Verschieben, Aufschieben von anstehenden Aufgaben, Tätigkeiten. Man kennt es auch als Studentensyndrom. Das ist ein bisschen gemein, hat aber damit zu tun, dass das Phänomen bisher hauptsächlich an Studenten untersucht wurde. Aufschieberitis ist eine hübsche Eindeutschung. Sie ist auch schon Gegenstand von Aphorismen. So sagt Sir Peter Ustinov: »Die Menschen, die etwas von heute auf morgen verschieben, sind dieselben, die es bereits von gestern auf heute verschoben haben.« Und Pierre Richard (wir erinnern uns: der große Blonde mit dem schwarzen Schuh) rückt das Thema endgültig in den Bereich der Comedy, wo es eigentlich hingehört: »Warum etwas auf morgen verschieben, was man genauso gut auf übermorgen verschieben kann?« Aufschieben allein beschreibt das Phänomen aber nicht: Für die Komik ist genauso wichtig, dass man etwas anderes stattdessen tut, von dem man sich einreden kann, dass es in diesem Moment wichtiger ist. Tatsächlich bereitet es einem nur mehr Vergnügen, ist weniger anstrengend oder nicht so sehr mit der Gefahr des Scheiterns verbunden, wie das, was man da gerade vor sich herschiebt. Als Beispiel könnte ich erzählen, wie dieser Text entstanden ist. Ich hatte seit Wochen vor, ihn zu schreiben, und dachte eines Tages: So, heute aber, sofort nach dem Frühsport fängst du an. Nun habe ich in meinem Sportraum einen großen Fernseher. Ich wusste gar nicht, dass VIVA so tolle Musik sendet, und Gaby Dohm ist eine ganz tolle Schauspielerin, und Harald Schmidt erst auf dem *Traumschiff*! Wahnsinn, fünfzehn Kilometer bin ich noch nie gelaufen! So, jetzt schnell duschen und frühstücken, der Text nahm in meinem Kopf schon Gestalt an. Zu dumm, kein Brot mehr im Haus.

Wenn ich sowieso schon aus dem Haus muss, kann ich auch gleich fürs Abendbrot einkaufen. Ich arbeitete also meine zwei neuesten Kochbücher durch, entschied mich für Spaghetti bolognese, machte meine Einkaufsliste und dackelte los. Vor dem Supermarkt traf ich eine alte Bekannte, die ich lange nicht gesehen hatte. Sie wirkte traurig. Ich sagte: »Alles in Ordnung mit dir?«, und sie fing gleich an zu weinen. Wir gingen also ins Café nebenan, und sie erzählte, dass ihr Freund sie nach sechs Jahren wegen einer Jüngeren verlassen hätte. Zwischendurch rief meine Frau an und fragte, ob ich abends mit ihr ins Kino gehe. Ich sagte: »Du, heute ist schlecht, ich muss einen Text fertig machen, der mir schon lange auf den Nägeln brennt, und da brauch ich open end zum Schreiben.«

»Wo bist du gerade?«, fragte sie.

»Im Café, frühstücken.«

»Bist du allein?«

»Ja, das heißt, nein, ich hab die Lisa getroffen, eine alte Freundin, der geht es nicht …«

Dann war plötzlich die Verbindung unterbrochen. Nicht unbedingt ein schlechtes Zeichen, aber wahrscheinlich. Frauen sind so rücksichtslos, werden bei jeder Gelegenheit eifersüchtig, vorzugsweise auch ohne Grund, und denken keinen Moment darüber nach, dass das einen Autor massiv am Schreiben hindern kann. Ich habe mir dann Lisas Geschichte zwei Stunden lang angehört, wir waren inzwischen von Kaffee zu Wein gewechselt, und dann dachte ich, jetzt hab ich sie so weit stabilisiert, dass ich einkaufen und dann endlich schreiben kann, ging aber nicht. Wir haben dann zusammen eingekauft, gekocht und waren danach im Kino.

Am nächsten Tag bin ich extra früh raus, da ziept irgendwas im hinteren Backenzahn. Mein Zahnarzt nahm mich dann als Letzten noch dran um 11.30 Uhr. Wenn die Möglichkeit einer Kieferoperation wie ein Damoklesschwert über einem hängt, ist natürlich an Arbeit nicht zu denken. Mein Zahnarzt fand dann aber nichts, auch beim Röntgen nicht, hat alles sauber gemacht und gut war's. Die Erleichterung verlieh meiner Fantasie Flügel; ich hatte den Laptop in weiser Voraussicht dabei und ging gleich in mein Lieblingscafé. Das machen fast alle Autoren, eine andere Umgebung fördert die Kreativität, es ist ein bisschen, als ob man Publikum hätte, und oft genug schnappt man Gesprächsfetzen auf, die kolossal inspirierend wirken können. Zum Beispiel die Frau am Nebentisch, die per Handy mit ihrer Tochter redet, die offenbar gerade Mutter geworden ist und Probleme beim Stillen hat. Es geht um wundgebissene Nippel und Milchpumpen, beides nicht meine Kernkompetenzen und bringt mich auch beim Thema Prokrastination nicht weiter. Ich notiere mir aber in meinem Ideen-Ordner: Geschichte zum Thema Ablenkung durch Gespräche an Nachbartischen. Dabei fällt mir natürlich die Szene aus *Harry und Sally* ein, wo die Dame am Nebentisch nach Meg Ryans gefaktem Orgasmus bei der Kellnerin »dasselbe wie die junge Dame« bestellt. Zufällig habe ich den Film auf meinem Netbook und hab mir die Szene gleich noch mal angeguckt. Ich hatte die Lautstärke wohl ein bisschen zu hoch eingestellt, die Kellnerin kam und rief mich zur Ordnung. Ich rief umgehend ein Word-Dokument auf, und noch ehe ich überhaupt angefangen habe, über eine Überschrift nachzudenken, machen sich die drei Finger, mit denen ich immer tippe, selbständig und schreiben: »Heute schon prokrastiniert?« Toll, die Magie ist mit Händen greifbar, wenn ich das Café verlasse, wird die Welt um eine Glosse reicher sein. Mein Handy klingelt. Ein befreundeter Autor: »Hast du gerade Zeit, ich würde gern mal wieder ein bisschen quatschen!«

»Du, das ist ganz schlecht, ich sitze an einem Text, der heute fertig werden muss.«

»Das bewundere ich an dir, du bist so wahnsinnig diszipliniert, das geht mir völlig ab, ich lass mich so leicht ablenken und schiebe Dinge vor mir her, ich glaub, das war auch mit ein Grund, dass ich gerade einen dicken Auftrag verloren habe. Mir geht's echt nicht gut.«

Ach du lieber Himmel, aus der Nummer komm ich nicht raus, wenn's einem Freund dreckig geht, hat das Vorrang. Und offensichtlich hat er ja auch ein Prokrastinationsproblem, vielleicht springt ja noch was für meinen Text raus. Ich sage ihm die Adresse vom Café, und während ich warte, ruft meine Frau an und sagt, ich bräuchte mich nicht mehr zu bemühen, sie hätte sich den Film mit einer Freundin angeguckt. Warum mir dann rausrutschte: »Ist ja witzig, ich auch!«, wissen die Götter, da kommt wohl noch Beziehungsarbeit auf mich zu. Aber jetzt ist erst mal der Kumpel dran.

Er kam dann noch angeschlagener als vermutet. Wir bestellen Wein, essen verschiedene Kleinigkeiten, wechseln dann in eine Bar und besaufen uns. *That's what friends are for.* Als ich am nächsten Tag nach zwei Aspirin plus C wieder denken kann, fällt mir auf, dass ich meinen Computer wohl in dem Café vergessen habe. Na gut, frühstücken muss ich sowieso, dann kann ich dabei gleich an meiner Glosse weiterschreiben. Ich werde direkt von der Kellnerin in Empfang genommen: »Sie haben Ihr Netbook auf dem Tisch liegen lassen, ich habe die Überschrift gesehen: ›Heute schon prokrastiniert?‹; wir behandeln das Thema gerade im Studium, und ich habe einfach mal was geschrieben. Sie können es ja löschen.«

Hab ich nicht.

Abberpuppenarmwiederdranmachzauberspruch

Letztens fand ich in der Grabbelkiste eines vor der Schließung stehenden Hundesalons einen Stoffaffen, dessen Arme und Beine mit Klett am Körper hafteten, also ganz leicht abreißbar waren. Warum das für einen Hund lustig sein soll, weiß ich nicht, aber vor meinem geistigen Auge lief sofort ein lustiger Film ab. Ich sah mich mit dieser Puppe erstaunliche pädagogische Wirkungen erzielen, tröstende, aber auch komische und nicht zuletzt kathartische.

Einem Kind, das sich gerade den Fuß verstaucht hat, könnte man sagen: »Das ist schlimm, aber guck dir diese Puppe an, der wurden bei einem Autounfall beide Arme abgerissen, ratsch, ratsch, der Affe kann sich nicht mehr den Popo abputzen, das ist mal Scheiße.« Oder wenn ein unversehrtes Kind eine freche Antwort gibt, kann man sagen: »Weißt du, was mit Kindern passiert, die eine freche Antwort geben? Die werden überfahren und haben nur noch ein Bein, ratsch, willst du das?«

Will ich hingegen dem kranken Kind ein Lächeln aufs Gesichtchen zaubern, frage ich: »Möchtest du diese Gute-Laune-Puppe haben? Ein Kind, das diese Puppe hat, hat immer gute Laune. Dann hol sie dir, ich ziehe sie immer weg, aber wenn du schnell genug bist, kannst du es schaffen.«

Das Kind ergreift die Puppe, ich halte den Arm fest, und er ist ab. Jetzt kann man sagen: »Ja toll, jetzt hast du sie kaputt gemacht, weißt du eigentlich, was die Puppe gekostet hat? Fünfundzwanzig Euro! Die ist jetzt zu fünfundzwanzig Prozent versehrt, wie viel ist fünfundzwanzig Prozent von fünfundzwanzig Euro? Häh? Sechs Euro fünfundzwanzig, und die hätte ich gerne von dir, denn ich kann die Puppe ja nicht mehr zum vollen Preis verkaufen. Ja, jetzt heulst du! Komm, das war ein Scherz, hier, der Arm geht ganz leicht wieder dran, siehst du? Die Puppe ist wieder heil. Möchtest du sie jetzt haben? Gut, das macht dann fünfundzwanzig Euro. Hast du nicht? So ein Pech aber auch. Ich hau jetzt ab und mache ein anderes Kind froh, das sich nicht so doof anstellt wie du.«

Das war natürlich ein Scherz! In Wirklichkeit sage ich zu dem kranken Kind: »Ich wollte dir eine Puppe mitbringen, und auf dem Weg zum Krankenhaus musste ich durch einen Park, dort hat mich ein großer böser Hund angesprungen, hat die Puppe geschnappt, ich wollte sie am Arm festhalten, da ist der abgerissen. Ich habe dann den Hund mit Pfefferspray besprüht und ihn zum Abschied noch in die Klöten getreten, da hat er die Puppe fallen lassen, und so konnte ich sie retten. Und um sie wieder heil zu machen, brauchen wir einen Zauberspruch. Willst du es mal versuchen? Kennst du einen Abberpuppenarmwiederdranmachzauberspruch?«

Und dann wird das Kind sich irgendeinen Unsinn ausdenken, diesen daherplappern – und zack, ist der Arm wieder dran. Und ich sage dann: »Jetzt kannst du dir ganz viele Geschichten ausdenken, wie die Puppe in die furchtbarsten Situationen gerät und Arme und Beine dabei verliert, du hast jetzt deinen Zauberspruch und kannst sie immer wieder heile machen!«

Ist das toll?

Und das Kind strahlte, wie nur Kinder strahlen können. Na ja, einen kleinen Wermutstropfen gab es denn doch: Das Kind hatte keine fünfundzwanzig Euro.

Der Probelieger

»Guten Tag, kann ich Ihnen helfen?«

»Danke, ich schau mich nur um.«

»Aber wir sind ein Beerdigungsinstitut!«

»Ich weiß, mir wäre ein C&A auch lieber gewesen, aber Sie sind nun mal das einzige Geschäft in dieser Straße, in dem man sich umschauen kann.«

»Verzeihen Sie, aber ich finde es einigermaßen irritierend, wenn sich jemand ohne irgendeinen konkreten Anlass in einem Beerdigungsinstitut umschaut.«

»Es wäre Ihnen also lieber, wenn meine Frau gestorben wäre?«

»Nein, selbstverständlich nicht!«

»Oder mein Kind?«

»Wie können Sie so etwas annehmen?«

»Dann sind wir uns ja einig. Ich bin auch froh, dass meine Frau noch lebt, und ein Kind haben wir nicht.«

»Das tut mir leid!«

»Muss es nicht, wir wollten keins. Es hat nicht in unsere gemeinsame Lebensplanung gepasst. Präziser formuliert: in meine.«

»Verstehe.«

»Wieso das denn? Das können Sie gar nicht verstehen. Sie kennen mich doch gar nicht!«

»Natürlich nicht.«

»Ich hasse Kinder, sie kosten Geld, beanspruchen jede Menge meiner kostbaren Zeit, machen einem nur Probleme, und wenn sie einem die besten Jahre des Lebens gestohlen haben, gucken sie einen mit dem Arsch nicht mehr an und lassen einen verrecken. Apropos, was kostet dieser dunkelbraune Sarg und was für ein Holz ist das?«

»Eiche, ein wunderschönes Stück und er kostet dreitausendzweihundert Euro.«

»Das ist ja dann doch sehr happig, dafür, dass die Leute ihn nur einmal kurz während der Beerdigung sehen, was kostet der billigste?«

»Das wäre dann dieses Modell, Kiefer, das helle Holz wirkt auf manche freundlicher als dunkles …«

»Ich denke, dass jedes Holz auf einen Toten gleich wirkt, nämlich gar nicht, was kostet der Schaden?«

»Vierzehnhundert Euro.«

»Na sieh mal einer an, achtzehnhundert weniger, dafür kann man es im Puff noch mal ganz schön krachen lassen, darf ich mal Probe liegen?«

»Das überrascht mich jetzt ein wenig …«

»Das sagte Eva auch, als sie Adams erste Erektion sah, helfen Sie mir mal mit dem Deckel!«

»Sie wollen wirklich …?«

»Genau, ich möchte mir ein exaktes Bild machen, wie ich die Zeit verbringe, die mir die Würmer lassen, und machen Sie den Deckel richtig drauf!«

Wenige Minuten später betrat ein älteres Paar das Geschäft.

»Guten Tag, kann ich Ihnen helfen?«

»Es ist wegen unseres Vaters …«

In diesem Moment klopfte es von innen an den Sarg, und man hörte: »Hey, ich will raus!«

Der Notarzt konstatierte bei beiden Senioren einen zeitgleichen Herzstillstand, die Hinterbliebenen betrauten den Bestatter der Einfachheit halber mit der Abwicklung. Also praktisch drei Fliegen mit einer Klappe geschlagen. Seitdem beschäftigen immer mehr Beerdigungsinstitute unter der Hand Probelieger.

Abendbrottod

Dies ist weniger eine Geschichte, eher ein Gesellschaftsspiel. Ich werde Ihnen nach der Lektüre eine Frage stellen.

Das kennt jeder: Sie sitzen mit Ihren Gästen beim Essen, als Vorspeise gab es Chaat, ein indisches Gericht aus mit Tamarindenmus, Steinsalz und Cumin gewürztem Joghurt, Stücken von Kartoffeln, Fladenbrot und Gemüsen, dann eine köstliche rote Linsensuppe nach einem Rezept von Kolja Kleeberg und dann orientalisch gewürzte Hackbratenscheiben mit einem Curry aus Mango und Schmorgurke, und plötzlich befiehlt Ihnen eine innere Stimme, einen der Gäste zum Tode zu verurteilen, und zwar innerhalb der nächsten zwei Stunden. Sie können sich natürlich auch selbst bestimmen, aber niemand würde von dieser altruistischen Handlung erfahren, und dann macht es eigentlich keinen Spaß, oder? Auch über die Art und Weise des Ablebens wissen Sie nichts, von Herzschlag über anaphylaktischen Schock bis hin zum Selbstmord ist alles drin. Der Tod wird auch nicht auf der Stelle eintreten, das würde ja Stress für Sie bedeuten, sondern irgendwann innerhalb der nächsten achtundvierzig Stunden. Sie müssen auch nichts sagen, so was wie: Ene mene muh und raus bist du. Sie müssen es nur denken. Ich will, dass diese Person stirbt. Sie gehen also die anwesenden Personen durch und versuchen herauszufinden, ja was? Platt gesagt: auf wen Sie am ehesten verzichten können, aus Ihrer ganz persönlichen Sicht.

»Gibst du mir mal das Brot rüber?«, reißt Robert Sie aus Ihren Überlegungen. Kein Bitte, kein Danke, stattdessen wendet er sich an seine Tischnachbarin zur Rechten (richtig erkannt, Sie sitzen links von Robert) und redet mit vollem Mund auf sie ein, mit vollem, ständig halb geöffnetem Mund wohlgemerkt, sodass man den Speisen bei der Breiwerdung zusehen kann, und wenn es nicht so gut läuft, auch schon mal das eine oder andere Bröckchen ins Auge oder dessen Peripherie bekommt. Robert ist Ihnen eigentlich von Herzen unsympathisch, aber er will Ihr Theaterstück inszenieren und ohne ihn läuft nichts.

Roberts Nachbarin, Elisabeth, ist keine wirklich schöne, aber eine sehr sinnliche Frau, die aus ihrer Bereitschaft zu voraussetzungslosem Sex kein Hehl macht, aber ausgerechnet Sie, wahrscheinlich als einziges Mitglied dieser Runde, schon zweimal hat abblitzen lassen. Für einen dritten Versuch sind Sie zu stolz, was Ihre Lenden jedoch hartnäckig ignorieren. Ihnen gegenüber sitzt Wolf, Autor und Schauspieler, der sich ständig Notizen macht, in der auch häufig ausgesprochenen Hoffnung, den Gedanken, Satz oder Dialog irgendwann verwerten zu können. Wolf hat Ihnen mal eine Rolle versprochen und dann doch nicht gegeben, obwohl Sie das Geld sehr gebraucht hätten, dafür hat er Ihnen bei Ihrem Stück sehr geholfen, und er schläft mit Ihrer Lebensabschnittsgefährtin, was diese bei Laune hält, denn dazu haben Sie schon lange keine Lust mehr. Ach ja, Ihre Partnerin sitzt neben Wolf, und wenn der nicht gerade schreibt, fummeln die beiden unter dem Tisch. Wie bitte? Richtig, Wolf ist Linkshänder, fein beobachtet.

Der Letzte in der Runde ist Hagen, ein schwerreicher Industrieller, der einen Narren an Theaterleuten gefressen hat und gern den Mäzen gibt. Sie schulden ihm mittlerweile circa dreißigtausend Euro. Jetzt werden Sie, schlichtes Gemüt, das Sie sind, wahrscheinlich sagen: »Das ist doch einfach, ich lasse Hagen verschwinden und bin meine Schulden los.« Aber erstens existiert ein Schuldschein, und der gehört zur Erbmasse, zweitens hat Hagen so viel Kohle, dass da noch sehr viel mehr für Sie drin ist, und drittens haben Sie eine Affäre mit Hagen, Sie sind nämlich bi, das hatte ich ganz vergessen zu erwähnen.

Und hier kommt die Frage: Was macht Sie so sicher, dass Sie männlichen Geschlechts sind?

Aberglaub und Bankenraub

Der Mann blickte um sich, holte eine Ganzgesichtswollmütze mit Augenschlitzen aus dem Rucksack, setzte sie auf, öffnete die Tür zu der kleinen Bankfiliale, nahm eine Pistole aus der Tasche und rief: »Das ist ein Überfall, Hände hoch und keine Mätzchen!«

Niemand befolgte die Anweisungen, denn es war niemand da. Weder ein Kunde noch ein Bankangestellter. Irritiert rief der Bankräuber: »Hallo, ist hier jemand? Bedienung!«

Eine Angestellte kam aus einem Büro, wahrscheinlich dem des Filialleiters, ordnete ihre Kleidung, sah den Bankräuber und sagte: »Ja, wen haben wir denn da?«

»Wonach sieht's denn aus, Osterhase, Weihnachtsmann, Jeanne d'Arc … Janine?«

»Ja, so heiße ich wohl, aber wer sind Sie?«

»Ich bin Tony Rostinger aus der 10a, mit dem du bei der Klassenfahrt nach Avignon deine erste Tüte geraucht hast!«

»Ja, ich erinnere mich, mir ist sie gut bekommen, aber du hast mir den Schlafsack vollgekotzt, Rotwein und Eiersalat, ich seh's noch vor mir, aber nimm doch mal die blöde Mütze ab!«

»Geht nicht, wegen der Überwachungskameras, dann kann mich die Polizei doch identifizieren!«

Auf Janines Stirn bildete sich eine steile Falte. »O. k.«, sagte sie, »das leuchtet ein, wie ist es dir denn so ergangen?«

»Du, super, ich habe Verschiedenes ausprobiert, im Moment raube ich Banken aus.«

»Und kann man davon leben?«

»Wenn man auf dem Boden bleibt und die Ansprüche nicht zu hoch schraubt, ist es total o. k. Du, das war super, dass wir uns mal wieder gesehen haben, du siehst immer noch toll aus, ich war ja total verschossen in dich, aber du wolltest irgendwie nicht, woran lag es eigentlich?«

Unmerklich hatte Tony seine Waffe gehoben, die nun auf Janines Zwerchfell zeigte. »Ich glaube, das hast du dir nur eingebildet, ich fand dich eigentlich süß, trotz der vorstehenden Zähne, oder vielleicht gerade deswegen«, Janine lachte hektisch, »und … gut … die Sache mit der Kotze und meinem Schlafsack, kennst du so was, immer wenn man jemanden sieht, steigt einem der Geruch in die Nase, mit dem man ihn verbindet, das nennt man olfaktorisches Gedächtnis, wenn man zum Beispiel seine Oma sieht, und man riecht plötzlich die Kekse, die sie einem als Kind gebacken hat.«

»Ich hätte dir auch gern Kekse gebacken«, sagte Tony traurig. »Ich hab schon als Kind von meiner Mutter backen gelernt, aber wahrscheinlich hättest du dann auch gesagt: Ihh, die Kekse riechen nach Kotze.« Tony schluchzte einmal trocken auf, schnäuzte sich in seine Maske. »Gut, kommen wir zum geschäftlichen Teil, es muss ja weitergehen, ich hätte gern fünftausend Euro.«

»Hast du denn ein Konto bei uns?«

»Janine, jetzt werd nicht albern, ich riech vielleicht nach Kotze, aber ich bin nicht bescheuert, ich bin ein Bankräuber und würde gern fünftausend Euro rauben, jetzt und hurtig, bitte.«

»Gibt's Probleme, Mäuschen?«, hörte man in diesem Moment eine sonore Stimme aus dem Chefbüro fragen.

»Nein, Puschel, alles im Griff, Cliff!«, rief Janine gewollt fröhlich und machte sich am Kassenautomaten zu schaffen.

»Aha, Mäuschen, Puschel, da hat wohl jemand Sex mit Abhängigen, du weißt, dass du deinen Boss dafür in die Pfanne hauen kannst?«, fragte Tony, »soll ich ihn mir mal vorknöpfen?«

»Nein, bloß nicht, Tony, da ist nichts, wir pflegen alle so einen lockeren Ton hier in der Filiale.«

»Aha, wo sind denn die anderen?«

»Welche anderen?«

»Du hast doch gesagt, ihr pflegt alle einen lockeren Ton!«

»Ja, alle beide, aber jetzt hab ich so viel von mir erzählt, wie bist du eigentlich zur Bankräuberei gekommen?«

»Ach, das ist eine witzige Geschichte: Ich war bei einer Wahrsagerin, und die guckt in ihre Kugel und sagt: ›Ich sehe, dass Sie in Kürze zu fünftausend Euro kommen werden, von denen Sie mir tausend abgeben.‹ Und dann hat sie mir von ihrer Tochter erzählt, die in einer Bankfiliale arbeitet und mit dem Chef rummacht, obwohl sie ihn nicht mag, und die Geschichte von Tony, der ihrer Tochter in den Schlafsack gekotzt hat, den sie trotzdem gerne wiedergesehen hätte, tja, und da bin ich. Ist also praktisch vorherbestimmt, was wir hier machen, irgendwie unheimlich, oder?«

»Ja, sehr«, sagte Janine und händigte Tony fünftausend Euro aus. »Grüß meine Mutter schön, wenn du ihr die tausend gibst, und sag ihr, das hat ein Nachspiel, aber was ist jetzt mit uns, Tony?«

»Janine, du Dummchen, ich bin nicht Tony, glaubst du, ich setz mir den Hut mit dem Hammer auf? Ich hab die Geschichte, die mir deine Mutter erzählt hat, nur benützt, mein richtiger Name tut nichts zur Sache, und die tausend Euro kriegt sie natürlich auch nicht! Tschüssikowski, war schön, Geschäfte mit dir zu machen, und grüß Puschel!«

Kichernd lief der Bankräuber aus der Bank und der Polizei in die Arme, die dort schon wartete, denn Janines Mutter, die Wahrsagerin, hatte sie natürlich informiert, schließlich brachte ihr jede dieser Aktionen zweitausend Euro Provision von der Bank ein. Man glaubt gar nicht, wie leicht abergläubische Menschen auf die schiefe Bahn zu bringen sind!

Sandkastenliebe

Marc: Darf ich Sie zu einem Getränk einladen?

Sonja: Nein.

Marc: Ah, das ist gut, Sie wollen es langsam angehen lassen. Kommt mir sehr entgegen, ich bin herzkrank.

Sonja: Schön für Sie.

Marc: Und was machen Sie sonst so, wenn Sie sich nicht angeregt unterhalten?

Sonja: Kommt ganz auf meine Stimmung an, mal schütte ich einem Typen ein Bier über den Kopf, mal trete ich ihm in die Eier, mal schlepp ich ihn ab und zieh ihn mir durch den Schritt.

Marc: Und mit was dürfte ich rechnen?

Sonja: Ich schwanke zwischen Bier und Sack.

Marc: Was würden Sie sagen, wenn ich Ihnen erzähle, dass ich als Body-Double für Long Dong Silver gearbeitet habe?

Sonja: Long Dong Silver war schwarz.

Marc: Ist es für Sie wichtig, welche Hautfarbe ein Mensch hat?

Sonja: Die einzelnen Körperteile sollten schon farblich zueinanderpassen.

Regisseur: Ja danke sehr, halten wir hier mal kurz inne und vergegenwärtigen uns noch einmal die Spielsituation. Wir versuchen, eine Szene zwischen zwei Puppen zu entwickeln. Prinzessin und Kasperle. Das Ganze ist für Kinder gedacht. Und ich denke …

Marc: Ich denke, ich weiß, was jetzt kommt, unsere Sprache ist nicht kindgemäß, ich habe dieses reaktionäre Gequatsche so satt, Kinder können es nicht erwarten, erwachsen zu werden, sie ahmen Erwachsene bei jeder Gelegenheit nach, also auch bei der Beziehungsanbahnung …

Regisseur: Ich weiß nicht, was ein Pornodarsteller mit einem Dreißig-Zentimeter-Dödel in einem Kasperlestück für Kinder zu suchen hat!

Marc: Ich finde das weit weniger beängstigend als das vorweihnachtliche Bild vom Knecht Ruprecht, der böse schwarze Mann mit der großen Rute, der die unartigen Kinder verhaut.

Regisseur: Solange ich diesen Workshop leite, wird in unseren Kasperlestücken keine Pornografie vorkommen!

Sonja: Hallo? Das tut es doch auch gar nicht, hast du denn gar nicht zugehört? Die Prinzessin lässt den blöden Machotypen abblitzen, das ist die Aussage, und das können Mädchen ja wohl nicht früh genug lernen!

Regisseur: Das soll ich also dem Kulturdezernenten erzählen in der Hoffnung, dass wir auch nächstes Jahr Fördergelder kriegen? Wir haben alle unsere Zwänge, und ich bin nun mal der verantwortliche Spielleiter, und wenn euch das nicht passt, dann macht euch selbständig. Viel Spaß, wenn ihr mit Long Dong Silver durch die Kitas tingelt! Schade, dass ich nicht dabei sein kann!

Marc: So, jetzt kommen wir alle mal wieder runter, in der Kunst gibt es immer mehrere Wege, wir bieten einfach mal was anderes an.

Regisseur: Na also, das ist doch ein Wort, und bitte!

Marc: Hallo, du, ich liebe dich, willst du mich heiraten?

Sonja: Mh, mal sehen, wann?

Marc: Morgen?

Sonja: Da kann ich nicht, da trete ich in der Veltins Arena auf, vielleicht übermorgen?

Marc: Da kann ich nicht, da spreche ich vor der UNO über die Zukunft Europas.

Sonja: Auch schön, wer bist du denn?

Marc: Joschka Fischer.

Sonja: Ist ja irre, ich bin Helene Fischer, aber damit eins klar ist: Ich möchte meinen Namen behalten, unter dem mich ganz Deutschland kennt.

Marc: Nun, ich würde auch gern meinen Namen behalten, unter dem mich die ganze Welt noch in bester Erinnerung hat, aber als ehemaliger Spitzenpolitiker bin ich gewöhnt, Kompromisse zu machen, was hältst du von einem Doppelnamen?

Sonja: Gern, aber meiner muss vorne stehen!

Marc: Kein Problem, Schatz! (Zur Seite: Mein Gott, ist die Panne!)

Sonja: Dann besorg schon mal einen Hochzeitskuchen!

Marc: Wo soll ich denn hier im Sandkasten einen Hochzeitskuchen hernehmen?

Sonja: Keine Ahnung, kack einfach in ein Förmchen!

Regisseur: Danke, Kinderchen, das war ganz toll, romantisch, ein bisschen frech, aber wertkonservativ und kindgerecht, und vor allem ohne Sauerei. Super.

Alliteration

BILD wird oft als bildungsfernes Organ gescholten mit eher negativem Einfluss auf das Sprachvermögen seiner Leserschaft. Das ist ungerecht und falsch. BILD ist oft äußerst lehrreich! Wenn man das Wort »Alliteration«, also eine Abfolge von Wörtern mit gleichem Anfangsbuchstaben, erklären will, eignet sich beispielsweise diese BILD-Schlagzeile famos: Betrunkener beißt Polizisten in Penis. Eine Abfolge von zwei Alliterationen. Noch schöner wäre: Betrunkener beißt Bullen in Benis. Berfekt. Allerdings weist die Story stilistische Mängel auf, und mit der Glaubwürdigkeit hapert's auch:

München. Ein Betrunkener hat in Marktredwitz einen Polizisten in den Penis gebissen und erheblich verletzt, so die Polizei. »So die Polizei« ist bester Thomas-Bernhard-Stil, erfordert aber im vorangehenden Satz die indirekte Rede. Also: Ein Betrunkener habe einen Polizisten in den Penis gebissen und verletzt, so die Polizei.

Aber weiter im Text: Der Dreißigjährige hatte Ostern in einer Disco einem Türsteher ein Glas an den Kopf geworfen. Als die Beamten den Mann beruhigen wollten, trat er zunächst um sich, biss dann zu. Festnahme.

Dieser Text wirft Fragen auf. Wer wurde unruhig, der Glaswerfer oder der Türsteher? Wer würde nicht unruhig, wenn er mit Gläsern beworfen wird? Aber nehmen wir an, es war der Glaswerfer: Warum wurde er nicht ruhiger, nachdem er das Glas geworfen hatte? Weil er nicht getroffen hat, weil der Barmann für den Drink kassieren wollte, obwohl er ihn nicht getrunken hat? Wie auch immer, irgendwann tauchten Polizisten auf. Ob zwei oder zwanzig, wissen wir nicht. In jedem Fall näherten sie sich dem Glaswerfer, der daraufhin um sich trat, aber offenbar niemanden traf. Erst mal ein hübsches Bild.

Haben die Beamten dann abgewartet, bis er des Um-sich-Tretens müde wurde und erschöpft in die Knie sank, woraufhin sich dann ein Polizist so weit näherte, dass der Täter ihn mit letzter Kraft ins Glied beißen und dieses durch zwei Stoffschichten hindurch – immer vorausgesetzt, der Staatsdiener trug Unterwäsche und Uniformhose –, wie es heißt, »schwer verletzen konnte«?

Oder war es ganz anders? Hat der Beamte womöglich gesagt: »Meine Frau hat mich in den Dödel gebissen, wollt ihr das mal sehen, sieht richtig schlimm aus.« Woraufhin er die Hose runterzog, und alle meinten: »Uiuiui, das sieht aber richtig schlimm aus.« Und dann hat der Chef gesagt: »Weißt du was, Emil, das schieben wir dem Besoffenen in die Schuhe, der kann sich sowieso an nichts erinnern, und du kriegst eine Tapferkeitsmedaille, holst vor Gericht 'ne dicke Entschädigung raus, und es gibt eine lustige Geschichte in der BILD-Zeitung.« Klingt doch gut, oder?

Alter Witz in neuem Glanz

Ein schwarzer Sägewerksarbeiter verliert bei seiner Tätigkeit den Mittelfinger der rechten Hand. In der Klinik sagt man ihm, man habe da zufällig noch einen Finger, den man ihm annähen könne, der sei allerdings weiß. Der Arbeiter willigt ein, fährt mit seinem neuen Finger mit der U-Bahn nach Hause, hält sich an der Stange fest, ein altes Mütterchen sagt: »Na, Herr Schornsteinfeger, in der Mittagspause wieder kurz zu Hause vorbeigeschaut?«

Sicher findet sich jemand, der sagt: »Dieser Witz ist rassistisch, er macht sich über einen Mitbürger mit dunkler Hautfarbe lustig.«

Unsinn! Dieser Witz singt das Hohelied einer Seniorin, die noch im Vollbesitz ihrer Fantasie ist. Sie sieht einen schwarzen Mann mit einem weißen Finger, und das Erste, was ihr dazu einfällt, ist ein weißer Mann, der seiner Frau in der knapp bemessenen Mittagspause eine Stippvisite abgestattet hat, ein Vorgang, dem sie offenbar keineswegs ablehnend gegenübersteht, vielleicht wäre sie sogar gern Frau Schornsteinfeger. »Weiter so!«, möchte man der rüstigen Greisin zurufen. Gleichzeitig kündet die Geschichte von einer Wachablösung. Was früher der Kindermund war, der uns unter dem Deckmantel der Unschuld herrliche Sauereien bescherte, wird angesichts der demografischen Entwicklung in unserem Land in naher Zukunft der Seniorenschnabel sein.

Das belegt auch die zweite Geschichte.

Ein siebenundvierzigjähriger Mann findet, er sieht alt aus, und spendiert sich zum Geburtstag ein Lifting. Es wird super. Auf dem Weg nach Hause kauft er eine Zeitung und fragt den Kioskbesitzer: »Was glauben Sie, wie alt ich bin?« »Keine Ahnung, dreiunddreißig vielleicht.« »Yes, toll, danke, ich bin siebenundvierzig!«

Dann geht er zu McDonald's, bestellt, bezahlt und fragt das Mädel an der Kasse: »Was schätzen Sie, wie alt ich bin?« »Keine Ahnung, Alter, vielleischt neunundzwanzig?« »Ja vielen Dank, ich bin siebenundvierzig!« Er gibt ihr noch zwei Euro Trinkgeld, trinkt vor Freude noch ein Bier, auf dem Weg zur Bushaltestelle betrachtet er sich wohlgefällig in jeder Schaufensterscheibe, im Bus setzt er sich neben eine alte Dame und sagt: »Verzeihung, darf ich Sie fragen, wie alt Sie mich schätzen?« Sie sagt: »Ich bin zweiundachtzig und habe die Brille vergessen, aber als ich jung war, konnte ich bei Männern immer das Alter erraten, indem ich ihnen in den Schlüpfer gefasst habe. Ich könnte probieren, ob es noch klappt.« Der Mann legt sich den Regenmantel über den Schoß und sagt: »Dann mal los!« Sie fummelt sich in seine Hose, rührt ein bisschen rum und sagt dann: »Sie sind siebenundvierzig Jahre alt.« »Unglaublich, wie ist das möglich?« »Ich stand bei McDonald's hinter Ihnen.«

Wunderbar, der eitle Sack ist der Depp, die Heldin wieder die ältere Dame, die die Gelegenheit, es sich ein bisschen nett zu machen, beim Schopf ergreift, sozusagen. Mit sechsundsechzig Jahren ist noch lang noch nicht Schluss!

Aller guten Dinge sind drei:

Bei der goldenen Hochzeit tönt der Gatte rum: »Ich habe in meinem Leben Hunderten von Ehemännern Hörner aufgesetzt.« Sagt seine Frau: »Ich nur einem.«

Kleine Zugabe:

Ein Pfarrer in einer kleinen Gemeinde in Bayern feiert fünfundzwanzigjähriges Dienstjubiläum, der Bürgermeister ist noch nicht da, die Gemeinde aber schon vollzählig, also ergreift der Pfarrer das Wort: »Liebe Gemeinde, vielen Dank für das erwiesene Vertrauen und so weiter und so weiter. Am Anfang dachte ich ja: Ouiouoiuou, wo bist du hier hingeraten, bei meiner ersten Beichte kam ein Mann und sagte: ›Ich habe meine Frau mit ihrer jüngeren Schwester betrogen und der noch gleich einen Tripper angehängt, den ich mir bei einer Prostituierten geholt hatte.‹ Aber das war dann doch eher ein Einzelfall, und alles in allem war es eine schöne Zeit.«

In diesem Moment kommt der Bürgermeister: »Entschuldigung, Herr Pfarrer, Entschuldigung, liebe Gemeinde, bin aufgehalten worden, die Tagespolitik. Tja, lieber Herr Pfarrer, ich denke, ich spreche für alle, wenn ich sage, dass wir uns keinen besseren Pfarrer hätten wünschen können, ich weiß noch genau, ich durfte damals als Erster aus dem Dorf bei Ihnen die Beichte ablegen …«

Warum erheitert uns das so? Weil wir sofort konkrete Bilder von Politikern vor Augen haben, die immer die Familie als unabdingbare Keimzelle der Gesellschaft und deshalb als besonders schützenswert hochgehalten haben, um sich dann irgendwann nach einer gewollten oder ungewollten Schwangerschaft ihrer Nebenfrau neu zu orientieren. Wasser predigen und Wein saufen ist die entsprechende biblische Metapher. Menschen, deren Sinnen und Trachten auf Wahrung des Besitzstandes, sprich: den Posten, geht, einmal öffentlich bloßgestellt zu sehen, tut einfach von Herzen wohl.

gutefrage.net

Wenn man die grauen Zellen mal ein wenig trainieren will, empfehle ich gutefrage.net, eine Internetseite der SZ. Mit teilweise höchst intelligenten dummen Fragen, an denen man sich versuchen kann. Meine Antworten sollten Sie als Ansporn betrachten, sich eigene auszudenken.

Kann durch die richtige Beleuchtung die hässlichste Person hübsch sein?
Es gibt Menschen, denen man sagen möchte: »Du hast ein Gesicht, das nur eine Mutter lieben kann, aber es gibt Dinge, die man auch von einer Mutter nicht verlangen sollte.«

Aber man sagt es nicht. Stattdessen sagt man: »Schönheit liegt im Auge des Betrachters«, und Fontane hat gesagt: »Es ist alles eine Frage der Beleuchtung.« Und dann macht man das Licht aus.

Haben Zebras eigentlich weiße oder schwarze Streifen?
Beides. Darunter sind sie grün.

Ich habe einen ganzen Eiswürfel geschluckt und er ist noch nicht wieder rausgekommen. Was tun?
Sei froh! Wenn er wieder rausgekommen wäre, wärst du stark unterkühlt.

Wie lange ist eine Seifenblase haltbar?
Ein Blick auf den Stempel mit dem Haltbarkeitsdatum verrät es dir.

Wieso sieht man auf Fotos anders aus als im Spiegel?
Weil Fotos oft vor langer Zeit aufgenommen wurden, das Bild im Spiegel hingegen den neuesten Stand anzeigt.

Meine Freundin will Schluss machen, ich auch, was sollen wir tun?
Erst mal drüber schlafen.

Hey, ich habe eine Rose gemalt. Was kann ich dazu malen?
Eine Schießbude drumrum, mit vielen anderen Blumen, Besitzer und acht Kunden mit Gewehren, im Hintergrund ein Riesenrad. Oder noch sechs Rosen, dann hättest du einen Strauß, vielleicht noch eine Vase dazu, oder einen Sarg, auf dem die Rose liegt, oder einfach einen Arsch, aus dem sie keck in den Himmel ragt.

Muss um sieben Uhr raus, jetzt ist es vier, lohnt es sich noch aufzubleiben?
Unbedingt! In drei Stunden kann man sich jede Menge bescheuerte Fragen ausdenken!

Wo finde ich einen ungestörten Ort für Geschlechtsverkehr im Raum NRW, wenn es zu Hause nicht geht?
Bei Google-Maps.

Wenn an der Evolution was dran ist, warum haben Schweine dann keine Flügel?
Aus demselben Grund, aus dem Vögel nicht grunzen.

Kann eine Deutsche von einem Türken schwanger werden?
Ja, es sollte aber eine Aufenthaltserlaubnis vorliegen. Also auf ihr jetzt.

Können Zwerge nachts etwas sehen?

Nur wenn sie irgendwie an den Lichtschalter kommen.

Kann man echt Gewicht verlieren, wenn man seinen Bauch reibt?
Wenn man selber reibt, wird es mühsam, wenn man sich unter eine Zementmischmaschine legt, geht es besser.

Wie kann eine deutsche Frau 1,4 Kinder bekommen? Was ist 0,4?
Das ist Statistik: Wenn du wissen willst, wie viel Hoden Männer haben, nimmst du zehn Männer und zählst die Hoden. Zwei haben nur noch einen, macht achtzehn. Die teilst du durch zehn, bekommst 1,8 und schreibst in deine Doktorarbeit: Männer haben 1,8 Hoden.

Wie kann ich rausfinden, ob ich wirklich die Mutter meines Babys bin?
Frag den Vater, vielleicht kann der sich erinnern.

Wie stellt man die Waage auf Winterzeit um?
Muss man nicht, man muss die Frühlingsrolle nur in Winterspeck umbenennen.

Altruismus muss

So wie viele Wege nach Rom führen, gibt es auch nicht den einen Königsweg zum Glück, sondern etliche Pfade. Einer der wichtigsten ist Empathie, Einfühlung in den anderen und die Bereitschaft, ihm mit Rat und Tat zur Seite zu stehen. Ein Beispiel. Sie treffen einen alten Kumpel und sagen: »Hey, lange nicht gesehen, wie geht's?«

»Furchtbar, meine Frau hat mich betrogen, mit einer afrikanischen Fußballmannschaft!«

»Wie jetzt, in echt?«

»Nein, das hat sie geträumt, aber sie hat es mir mit glänzenden Augen erzählt, und ich wurde natürlich sauer und meinte: ›Was soll mir das sagen, hast du etwa Grund zur Klage?‹ Und da wird sie auch noch pampig und sagt: ›Jetzt versetz dich mal in meine Situation, du bist seit fünf Jahren Kantinenessen gewöhnt und stehst plötzlich vor einem Vier-Sterne-Menü mit fünfzehn Gängen, da möchte ich dich mal sehen!‹«

Dann sagen Sie: »Alter, lass sie doch träumen, aber wie heißt es im Alten Testament: ›Auge um Auge, Zahn um Zahn.‹«

»Wie jetzt?«

»Na, träum doch auch! Erzähl ihr morgen früh, du hast geträumt, du hast eine Tasche mit hunderttausend Euro beim Joggen gefunden, hast dir eine Rolex gekauft, ein neues Netbook, eine GoPro, einen gebrauchten Jaguar vom Erstbesitzer, Garagenwagen, Topzustand, und dann wird deine Frau sagen: ›Und hast du mir vielleicht auch irgendwas gekauft?‹ – ›Wollte ich, ich wollte dich fragen, Schatz, was wünschst du dir, komme ins Schlafzimmer und sehe dich da mit der afrikanischen Fußballmannschaft, und du sahst wunschlos glücklich aus.‹«

Und das Strahlen auf seinem Gesicht, wenn er sagt »Toller Tipp, Alter, danke!« wird auch Ihren Tag vergolden.

Und man kann sich auch physisch einbringen, helfen mit Haut und Haar sozusagen. In einer Bar zum Beispiel: »Hallo, ich heiße Bastian, und Sie?«

»Evelyn.«

»Evelyn, die im Moment noch traurig guckt, weil sie schon länger nicht erfahren hat, was leidenschaftliche Liebe ist? Evelyn, die sich morgen vielleicht im Spiegel nicht wiedererkennt, weil sie so glücklich aussieht? Evelyn, die nicht gedacht hätte, dass ihr Körper zum Tollhaus werden kann, zum willigen Werkzeug in den Händen eines Mannes, der nur eins will: der Frau ein klein wenig mehr Lust verschaffen, als sie ertragen kann? Und alles, was Sie tun müssen, um diese Evelyn morgen im Spiegel zu sehen, ist vertrauen, sich fallen lassen in des Wortes ureigenster Bedeutung. Ist das nicht schön?«

Jetzt werden Sie vielleicht einwenden: »Was ist daran moralisch wertvoll oder gar selbstlos? Das ist doch nur eine ganz blöde Anmache, auf die nur Frauen reinfallen, die Lore-Romane lesen, *Traumschiff* gucken und auch nie zu einer Misswahl eingeladen würden!«

Genau! Deswegen ist es ja so selbstlos. Denn haben nicht auch Frauen ein Recht auf erfüllten Sex, die nicht in George Clooneys Beuteschema fallen? Ich biete praktisch meinen Körper, mein ganzes erotisches Repertoire, meine Ausdauer, also das ganze Paket für Gotteslohn an, gebe mich selbst zur Benutzung frei, das ist wie ehrenamtlicher Sozialdienst. Und das Gefühl, das einen danach erfüllt, ist ein ganz anderes, als für gewöhnlich, wenn man also Triebabfuhr auf Augenhöhe betrieben hat: Es ist die Gewissheit, ein guter Mensch zu sein. Und wenn Sie jetzt einwenden: »Weckt man da nicht Erwartungen, die man nie erfüllen wollte?« Vielleicht, aber wollen wir alle nicht oft zu einem wunderbaren Augenblick sagen: »Verweile doch, du bist so schön?«

Wir können ein Glücksgefühl nur wahrnehmen, wenn wir vorher und nachher weniger glücklich sind. Ich habe bei diesem Text zweimal weinen müssen. Einmal, als ich ihn fertig geschrieben hatte, und dann noch einmal, als meine Frau sagte: »Was ist das denn für eine gequirlte Kacke?«

Der Ausreden-Dealer

Als Student bin ich, um mir ein paar Mark zu verdienen, abends durch die Kneipen gezogen, habe mir ein Schild mit »Ausreden, gut und preiswert« umgehängt und die Leute angesprochen: »Brauchen Sie eine Ausrede?« Oft wollten die dann ein Beispiel hören, dann hab ich gesagt: »Nur gegen Vorkasse, sonst hören Sie sich das an, sind begeistert, werden es verwenden, sagen aber zu mir ›Nöö, gefällt mir nicht‹, und ich bin angearscht.«

Meist lief es hinaus auf: »Ich habe meiner Frau gesagt, ich bin um dreiundzwanzig Uhr zu Hause, jetzt ist es ein Uhr früh, was soll ich sagen?« Früher habe ich mir passende Gags aus Witzbüchern gesucht. Am häufigsten habe ich den verkauft: Man gehe laut singend ins Bad, spüle zweimal, gurgle, rotze mehrmals laut ab, gehe singend ins Schlafzimmer und rufe ganz laut: »Mann, geht's mir gut! Ist hier vielleicht noch jemand, der wilden, stundenlangen Sex will?« Und man wird nur tiefe, gleichmäßige Atemzüge, wahrscheinlich sogar leises Schnarchen hören.

Oder: Besoffen heimkommen, die Frau liegt im Bett, du siehst aber, sie ist noch wach. Du nimmst einen Stuhl und setzt dich vor ihr Bett. Sie sagt in sehr gereiztem Ton: »Was machst du da?« Und du: »Wenn das Theater gleich losgeht, will ich in der ersten Reihe sitzen!«

Und dann gibt es noch eine künstlerisch anspruchsvolle Version für den verhinderten Schauspieler: Sie gehen ganz normal ins Schlafzimmer, machen Licht, ziehen sich aus, summen dabei ein fröhliches Lied, tun extrem gut gelaunt, dann wird Ihre Frau wach und sagt: »Sag mal, spinnst du, so einen Krach zu machen, und wo kommst du überhaupt her, wir hatten doch elf gesagt!« Und dann sagen Sie: »Ich hab eine alte Freundin getroffen, die ist gerade verlassen worden und die erschien mir extrem selbstmordgefährdet und wohnt hier um die Ecke, und dann bin ich mit ihr hoch zur Sicherheit und da haben wir noch was getrunken, und sie war so liebesbedürftig, und da ist es halt passiert, schimpf ruhig, aber was hätte ich machen sollen, es ging um Leben und Tod!« Und dann wird die Ehefrau sagen: »Tolle Geschichte, als ob du besoffen noch was zustande bringen würdest, ist ja nüchtern schon schwer genug, du warst mit deinen Kumpanen kegeln, du hast ja immer noch das Stück Kreide hinterm Ohr.« Zwanzig Mark klingt viel für 'ne Ausrede, aber ich hatte ja auch Auslagen für die Kreide.

Aber irgendwann hab ich dann eigene Texte entwickelt, zum Beispiel diesen: »Komme in meine Stammkneipe, und wer steht da am Tresen? Mein Chef mit seinem Chef, und mein Chef winkt mich ran und sagt zu seinem Chef: ›Herr Greitemeier, darf ich Ihnen meinen besten Mann vorstellen?‹ Und dann wollte Herr Greitemeier ein paar Verbesserungsvorschläge von mir, und flugs war es zwei Uhr. Aber ich glaube, er war schwer beeindruckt, jedenfalls wollte er uns noch in einen Nobelpuff einladen, aber da hab ich natürlich abgelehnt. Schade eigentlich, hast du noch Bock?«

Witziger ist natürlich: »Ich bin von Außerirdischen in ihr Raumschiff entführt worden, wo sie mich unter Drogen gesetzt und Experimente an meinem Körper vorgenommen haben, ich glaube, auch an heiklen Stellen. Guck doch mal, ob du da was siehst.« Und dann so tun, als wollte man die Hose öffnen. Allein das reicht normalerweise, um ein »Schlaf jetzt und lass mich in Ruhe, ist ja widerlich die Sauferei!« zu provozieren.

Meine beste Nummer für Leute, die montags blaumachen wollten, war: »Meine Freundin und ich wollten am Wochenende mal was ausprobieren. Darüber haben wir Streit bekommen und sie hat die Handschellenschlüssel vor Wut ins Klo geworfen. Erst gestern hat mich meine Mutter, die zum Glück einen Schlüssel hat, zur Wohnung, nicht zu den Handschellen, gefunden und konnte den Schlüsseldienst rufen. Ja, lachen Sie ruhig, das hat der Schlüsselmann auch gemacht.«

Natürlich hat da manch einer gesagt: »Ich mach mich doch nicht zur Witzfigur.« Für diese Spießer hatte ich dann Folgendes: »Ein befreundeter junger Politiker hat mir für die Erstellung seiner Doktorarbeit dreißigtausend Euro geboten, das ist genau die Summe, die mein Bruder in Amerika, der natürlich nicht krankenversichert ist, für eine dringend erforderliche Operation benötigt. Und daran habe ich bis Montag früh um sechs Uhr gesessen, sie musste ja fertig werden.«

Damit das glaubwürdig ist, sollte man zumindest mal ein paar Semester in irgendein Fach hineingeschnuppert haben oder ab und zu mal die Bemerkung fallen lassen, dass man dem Mensa-Klub angehört, dieser Hochbegabtengruppe von Leuten mit einem IQ ab 130. Diese Ausrede hilft mir heute noch ab und zu, zum Beispiel als klar war, dass ich den Abgabetermin für dieses Buch nicht würde einhalten können ...

Eine sehr alte und bewährte Methode ist das Vortäuschen einer psychischen Erkrankung, des Ganser-Syndroms, benannt nach ihrem Entdecker. Es äußert sich in blödsinnigen Fehlleistungen, etwa Antworten wie: »Wie viel ist eins und eins?« – »Vier.« – »Wie heißen Sie?« – »Montag.« – »Welchen Tag haben wir heute?« – »Spätherbst.«

Ob das Ganze vorgetäuscht oder eine reale dissoziative Störung ist, lässt sich kaum sagen, zumal die Symptome nach ein paar Tagen meist verschwinden und die normale Behandlungsmethode Beobachten und Abwarten ist. Manchmal sind Ausreden aber gar nicht das Mittel der Wahl, sondern eher originelle Erklärungen. Ich hätte zum Beispiel Bill Clinton bei der Lewinsky-Geschichte die Flucht nach vorne empfohlen. Statt alles abzustreiten und dann zu sagen: »Ach, da war wohl doch was, dumm gelaufen«, hätte er sagen können: »Ich möchte mich zunächst an die Männer wenden. Jungs, ihr kennt meine Frau. Wir haben unterschiedliche Interessen im Privatleben. Aber sie sagt, mach, was du willst, Hauptsache, du lässt mich in Ruhe. Und jetzt möchte ich mich an die Frauen der Nation wenden: Meine Handynummer ist 0…«

Bauernkriege

Die Ehe von Herrn und Frau Bauer war kinderlos geblieben, obwohl sie sich oft und gern bemüht hatten, ein »Bäuerchen zu machen«, wie sie ihre Fortpflanzungsversuche scherzhaft zu nennen pflegten. Aber immer öfter kam es zu Streitigkeiten, regelrechten Bauernkriegen.

»Bauernflegel«, sagte eines Tages Frau Bauer beim Bauernfrühstück zu ihrem Mann.

»Was ist, Bauerntrampel?«, gab dieser zurück.

»Du wirst mir jetzt einen Wunsch erfüllen, ich will ein Bauernopfer von dir.« »Verstehe. Du willst die Scheidung, willst also unsere Bauernhochzeit ungeschehen machen, das Bauernhaus kriegst du aber nicht!«

»Das brauche ich auch nicht, ich ziehe zu meinem neuen Freund aufs Schiff!« »Ah, dann hast du wohl das große Seemannslos gezogen, wahrscheinlich eine Niete!«

»Nein, zweimal hintereinander passiert mir das nicht, du Bauernlümmel!«, konnte sich Frau Bauer nicht verkneifen zu sagen.

Herr Bauer nahm's gelassen: »Dann will ich hoffen, dass der Seemann auch ein guter Sämann ist. Wie lange macht er dir schon den Bauernhof?«

Nun musste auch Frau Bauer widerstrebend lachen, und erste Zweifel kamen ihr, ob die Reederei mit dem Seefahrer genauso erbauerlich sein würde wie mit ihrem Bauern. Aber die Gewissheit, dass er schon heute Nachmittag wieder bei ihr einschiffen würde …

«Nein«, rief Martin, »einschiffen ist echt ordinär, schon wegen der Assoziation zu pinkeln, da musst du was anderes machen!«

»Seit wann bist du denn so empfindlich?«, fragte Peter, fügte sich aber drein und sagte: »Aber die freudige Gewissheit, dass er schon heute Nachmittag seinen Klabautermann in ihrem Seebär verstecken würde, stimmte sie selig. Wenn man selig mit zwei ›e‹ schreiben würde, hätte ich dann noch einen Punkt?« Darin bestand nämlich das Spiel: Eine Geschichte erfinden, in der in jedem Satz mindestens ein Wortspiel mit einem Beruf vorkam; wenn einem nichts mehr einfiel, konnte man zu einem neuen Beruf wechseln, wie in diesem Fall von Bauer auf Seemann, natürlich blieb Bauer weiterhin eine Spieloption. »Nein«, sagte Martin, »selig wird nicht mit zwei ›e‹ geschrieben, es gibt also auch keinen Extrapunkt. Dein Satz ist zu Ende, ich bin dran.«

»Gut aussehen tat er allerdings nicht, die Hände wiesen schon Seemannsgichtknoten auf, seine Seegurke war eher mickrig, Salzwasser, Sonne und Wind hatten seine Seefahrerzüge gegerbt, der Seemannsgang war schlurfend, abends wurde er zum *drunken saylor* und lallte Seemannsgarn.« »Donnerwetter, da will es aber einer wissen«, sagte Peter anerkennend. »Sechs Punkte in einem Satz, das ist nicht schlecht, wird vermutlich Satz des Tages, dafür gibt es dann noch mal zwei Extrapunkte, da muss ich sehen, dass ich mir die Schlusspointe sichere und damit die fünf Extrapunkte. Also: Und so hieß ihn Frau Bauer bald schon den Anker lichten und erteilte Hafenverbot, woraufhin der Vollmatrose noch einige abschätzige Bemerkungen fallen ließ, in denen die Begriffe ›Flaute‹ und ›Seemannsgrab‹ eine Rolle spielten, und dann stach er in See. So, mein lieber Martin, das waren auch sechs Punkte, jetzt kommt der Moment, wo der Elefant das Wasser lässt, dein Aufschlag.«

»Frau Bauer schickte Herrn Bauer umgehend eine SMS mit den Worten: ›Als Seemannsbraut bin ich wohl gekentert, bin sozusagen seemannslos, sitze quasi auf dem Trockendock und würde gern Logbuch gegen Bauernkalender tauschen.‹ Noch mal sechs Punkte, sapperlot, sind wir gut heute, wenn das Reich-Ranicki noch erlebt hätte«, sagte Martin und lachte dröhnend.

Peter lächelte triumphierend und sagte: »›Sorry‹, antwortete Herr Bauer, ›habe Bauernskat gespielt und jetzt ist ein Bube im Stock.‹ Das wären dann noch mal fünf Punkte extra und der Gesamtsieg!«

Dann wurde erst mal der gute Marillenbrand rausgeholt und die Dichterseele geölt. Tja, Walser und Handke hatten es echt noch drauf.

Benimm

Man hat eine Umfrage gemacht unter jungen Eltern, was für Verhaltensweisen sie sich bei ihren Kindern wünschen, und da war die meistgewünschte Höflichkeit. Benimm ist wieder in, und das Schöne ist, es ist mein Thema. Ich bin ja ganz alte Schule, jahrelang Lipizzaner gewesen, wie man so schön sagt, da können Sie mich aber alles fragen. Wenn ein Paar spazieren geht, wo geht die Frau? Hinterher, nach Hause oder auf der Schaufensterseite? Nein, die Frau geht rechts. Wo kommt das her? Aus dem Mittelalter, aus dem Ritterwesen, der Gedanke war, dass der Mann, der Ritter, in der Regel ein Rechtshänder, ungehindert sein Schwert ziehen können sollte, um die Frau gegen Raubritter, Lindwürmer und anderes Gesocks zu verteidigen. Nun ist ja der Raubritter weitestgehend aus unserem Straßenbild verschwunden. Gleiches gilt für den Lindwurm, dafür gibt es Autos, die uns entgegenkommen und bei Regen durch eine Pfütze fahren und unsere Partnerin nass spritzen. Tuck, tuck, tuck, splosch, schon ist das Geschrei groß: »Jetzt ist meine helle Hose versaut, und der Sommermantel hat auch was abgekriegt; wie seh ich denn jetzt aus, kannst du nicht rechts gehen?«

»Schatz, ich muss doch mein Schwert ziehen können!«

Weil sich das wohl gehäuft hat, hat man diese Regel an die Neuzeit angepasst, der Mann geht also auf der der Fahrbahn zugewandten Seite. Andere Regeln sind nach wie vor antiquiert. Nehmen Sie die Treppenregel. Wer geht auf der Treppe vor, Mann oder Frau?

Die Benimmbücher sagen übereinstimmend: der Mann, damit er der Frau nicht, wie es euphemisierend heißt, auf die Fesseln gucken kann. Sieht also so aus: Ich gehe, die Hand am Schwertknauf, als Erster die Treppe hoch und höre irgendwann, popp, popp, popp, popp, die Frau hinter mir die Treppe runterfallen, weil sie auf ihren High Heels umgeknickt ist.

So ein Schwachsinn! Es ist doch wohl besser, ich gehe hinter ihr, damit ich sie in meinen starken, behaarten Armen auffangen kann, wenn das Dummchen strauchelt. Wenn ich als kleines Dankeschön für diese Risikobereitschaft zufällig und unbeabsichtigt einen kleinen Blick auf die Fesseln werfen kann, da stirbt man ja wohl nicht dran, es tragen doch sowieso kaum noch Frauen Röcke, fünfundneunzig Prozent tragen Hosen.

Oder die gemeinsame Kneipenbetretungsregelung, das kann der Mann gar nicht leisten, selbst wenn er wollte. Da heißt es: Der Mann hält der Dame die Kneipentüre auf. Wunderbar. Nächster Satz: Der Mann betritt als Erster die Gaststätte. Ich fasse noch mal zusammen: Ich halte meiner lieben Frau die Tür auf, schiebe sie ein Stück weit in den Eingangsbereich, zerre sie zurück, federe an ihr vorbei in den Schankraum, ziehe mein Schwert und bestelle. Also das können Sie ja wohl kniggen.

Vor Kurzem stand in der Zeitung:

Jemandem beim Niesen Gesundheit zu wünschen, gilt als nicht kultiviert. Mach ich sowieso nicht. Ich sage, wenn einer niest, immer: »Schönheit, gesund bist du ja.« Oder: »Stirb langsam.«

Im Übrigen lass ich mir keine Vorschriften machen. Wenn jemand in Gesellschaft ein unüberhörbares Geräusch erzeugt, ist das für mich eine Art Kommunikationsbeginn, ein hörbar gewordener Wunsch nach Beachtung, Zuwendung, vielleicht sogar Liebe. Wenn einer rülpst, sage ich: »Stück Brot dazu?«, oder: »Ein Glück, dass die Vorderzähne gehalten haben.« Oder wenn einer deflatiert, also einen sausen lässt: »Beneidenswert, Ihr Geschäft brummt ja.« Frauen machen das ja auch, aber ganz leise, und wenn sich das Wölkchen dann entfaltet, erwartet die Frau natürlich von ihrem Partner, dass er dafür geradesteht.

Und da hab ich eine sehr elegante Lösung. Sie sagen: »Meine

Damen und Herren, darf ich kurz um Ihre Aufmerksamkeit bitten, ich stelle Duftbäumchen her, meinen Sie, diese Note hätte eine Chance am Markt?«

Birke

»So, du willst also bei uns anfangen, ab wann wärst du frei?«, fragte Bordellchefin Virginia (52).

»Im Prinzip ab sofort«, sagte Ladyboy Nora (25), »ich müsste allerdings Birke mitbringen.«

»Wer ist Birke?«

»Mein Lamm, die Mutter ist bei der Geburt verstorben, und ich habe es adoptiert, es ist erst drei Wochen alt. Unser Herr Jesus hatte ja auch ein Lamm, zumindest ist er auf vielen Bildern mit einem zu sehen, und wie ich sehe, haben Sie ja auch ein Kreuz über der Küchentür, da wird Birke sich freuen.«

»Ach du Scheiße«, dachte die Puffmutter, »warum landen eigentlich nur noch die Verstrahlten in diesem Beruf?« Laut sagte sie: »Und wie willst du das den Kunden erklären, ich meine, das Vieh stinkt doch?«

»In dem Alter noch nicht, und der Laden hier hat doch viele Kunden aus der Landwirtschaft, die kennen das, und außerdem nuckelt Birke ja noch, sie kriegt ja auch das Fläschchen, da schlage ich zwei Fliegen mit einer Klappe.«

»Also ich weiß nicht, gut, probieren wir es, aber wenn's Ärger gibt, muss Birke raus.«

Natürlich gab es den. Gleich der erste Kunde verliebte sich in Birke. Er war ein stattlicher Bauernsohn mit einem Body-Mass-Index von 32, hatte schon einiges intus und meinte: »Du hast ein Lamm hier? Wir haben auch welche auf dem Hof, aber mein Vater hat mir das immer verboten, krass, dann lass uns mal allein!«

»Nein, das geht nicht, das Lamm lebt nur bei mir, weil es mich als Mutter angenommen hat, das ist bei Lämmern wie bei den Graugänsen, wie Konrad Lo…«

»Halt die Goschn und verfatz dich, das Lamm sieht einfach besser aus als du, mach einfach Pause, und gut ist.«

Es gab dann einiges Geschrei und der Wirtschafter musste den rasenden Landmann aus dem Haus geleiten. Die nächsten Gäste waren dann Polizeibeamte auf der Suche nach Drogen, ein beliebter Spaß an ruhigen Abenden: Drogenrazzia im Puff. Da gab es natürlich ein großes Hallo, als man statt Gras Birke fand. Und ab jetzt gehen die Schilderungen der beiden Zeitungen, aus denen ich die Geschichte habe, auseinander.

BILD schreibt: »Weil die 25-Jährige, also Ladyboy Nora, schon öfter gegen Tierhaltungsauflagen verstoßen hatte, kam Birke mit aufs Revier. Dort fütterte eine Polizistin das Lamm mit der Flasche, bevor es an den Tierschutzbund übergeben wurde.«

Die *Berliner Zeitung* hingegen vermeldet: »Ladyboy Nora trat erst vor ein paar Tagen seinen neuen Job in der Virgin Suite an und brachte das Haustier mit.« Nun, in ein paar Tagen kann auch der rührigste Tierfreund kaum öfter gegen Tierhaltungsauflagen verstoßen, es sei denn, Nora tingelt von Puff zu Puff und bringt jedes Mal ein anderes Tier ins Spiel, eine Schlange, ein Frettchen, Skorpione, um jetzt mal nur ein paar Rassen zu nennen, die man sich in einem erotischen Kontext vorstellen könnte, anders als Ratte, Schildkröte oder Nacktmull, trotz des Namens. Nach BZ-Version bekam Birke auch keine Flasche auf dem Revier, sondern landete gleich auf einem Bauernhof. Ich muss mich aber, ungeachtet der widersprüchlichen Einzelheiten, bei beiden Zeitungen bedanken, von alleine wäre ich auf diese Geschichte nicht gekommen.

Ohne werten zu wollen, die BZ schließt mit einem Satz, der uns doch alle vielleicht veranlassen sollte, einen Moment innezuhalten: »Warum sich die Prostituierte das Lamm ins Zimmer geholt hatte, ist unklar.«

Da wir auch über die Herkunft Noras nichts erfahren, könnte sie beziehungsweise er aus der Türkei stammen und eine Hausschlachtung beabsichtigen, die der Gesetzgeber ja erlaubt, wenn die betreffende Religionsgemeinschaft das Schächten, also Schlachten ohne vorherige Betäubung durch ein Bolzenschussgerät, zwingend vorschreibt und gewährleistet ist, dass es dem Tier dabei vorher, während der Prozedur und nachher nicht schlechter geht als mit Betäubung. Da stelle ich mir die Überprüfung schwierig vor, vor allem nachher, wo Tiere ja eher wortkarg sind. Vielleicht hat sie das Lamm aber auch bei einer Tombola gewonnen, oder die Gründe liegen noch tiefer: Vielleicht ist Noras Vater früh verwitwet, hat erneut geheiratet, die neue Frau brachte zwei Töchter mit, Nora oder damals noch Norbert, wollte sein wie sie, um auch der Stiefmutter zu gefallen, die ihn aber ablehnt, und der Vater tut nichts dagegen. Das kennen wir alle, zum Beispiel aus dem Märchen Aschenputtel. Die Missachtung oder gar Misshandlung seitens der neuen Familienmitglieder bewirkt ein geringes Selbstwertgefühl, der Ichbezug ist gestört, man sehnt sich nach Anerkennung durch andere. Im Märchen ein Prinz, im Leben eben ein Lamm.

Alkohol

Ich bin ein Stück weit Genussmensch, lege schon Wert auf Lebensqualität. Berufsbedingt fliege ich viel und gar nicht so gerne. Haben Sie mal nachgeguckt, was Terminal eigentlich heißt? Endstation. Es heißt ja immer, Fliegen ist sicherer als Autofahren. Klar, im Fall eines Unfalls ist man sicherer tot. Jedenfalls sitze ich immer am Fenster. Man sieht so interessante Dinge, zum Beispiel wie das eigene Gepäck in eine andere Maschine verladen wird.

Ich werde beim Fliegen oft gefragt, ob ich mal ins Cockpit möchte: Ich mach das auch gerne, nicht wegen der Technik, aber im Cockpit gibt es bessere Drinks, schönen Malt Whisky oder spanischen Brandy oder Kalte Muschi, wenn der Käpt'n St.-Pauli-Fan ist; und wenn ich nicht ins Cockpit gebeten werde, dann sag ich, wenn die Stewardess fragt, was ich trinken will, ich nehm dasselbe wie der Käpt'n. Man kennt ja die Witze über Flugkapitäne, die besoffen fliegen, ist ja kein Witz, steht ja oft genug in der Zeitung, aber warum sollen sie auch nicht, sind erwachsene Menschen, die wissen, wie viel Alkohol sie brauchen, um den Tatterich in den Griff zu kriegen, außerdem, die Dinger fliegen doch alle mit Autopilot, was soll das denn? Es ist doch Unsinn, pauschal die Forderung zu erheben, man solle vor dem Fahren, Fliegen, Vögeln oder sonst was nichts trinken.

Warum trinkt der Mensch? Damit es beim Kacken nicht staubt. Ja, das ist eben nur die halbe Wahrheit. Wenn jemand Spiegeltrinker ist und morgens einen dreifachen Wodka braucht, damit die Hand ruhig wird, und gleichzeitig ist dieser Mann Chirurg, und jetzt nehmen wir mal an, er soll um zehn Uhr eine Appendektomie vornehmen, eine Entfernung des Wurmfortsatzes oder

Appendix, und um fünf vor zehn geht der Chirurg an seinen Flachmann, um sich berufsfähig zu trinken, und dann kommt jemand und sagt: »Hm, hm, Alkohol ist keine Lösung, das lassen wir ab jetzt, heute schneiden wir mal nüchtern«, und dann steht der da und zittert wie Espenlaub, da würde ich als Patient aber aus der Vollnarkose heraus brüllen: »Lassen Sie den Mann sofort seinen Schnaps trinken oder ich verklage Sie wegen versuchten Totschlags!«

Früher, als ich anfing, in Klubs und kleinen Theatern zu spielen, da haben wir uns alle erst mal witzig gesoffen, und das hat auch funktioniert. Einmal rief ein Zuschauer: »Hey, du bist ja besoffen!« Und ich sagte: »Ja und? Fahr ich hier vielleicht einen Schulbus oder was? Ich erzähle bekloppte Sachen, und solange das klappt, können dir meine Promille ja wohl egal sein! Wenn du in den Puff gehst und die Puffmutter fragt ›Welches Schweinderl hätten'S denn gern?‹, dann sagst du auch nicht: ›Egal, Hauptsache die Dame trinkt nicht!‹«

Damit sind wir bei den Nebenwirkungen: Alkohol macht häufig aggressiv. Sie können der friedlichste Mensch von der Welt sein, nach zwanzig Doppelkorn sieht die Welt anders aus. »Verpiss dich, du Schnarchsack, sonst fick ich die erste Reihe bei deiner Beerdigung.« – »Meinen Sie nicht, Sie hätten jetzt genug, Herr Bischof?«

Ich sage es ganz deutlich: Wer zur Aggression neigt, Finger weg vom Alkohol! Dann lieber kiffen!

Nein, im Ernst, wie oft liest man in der Zeitung: Betrunkener verprügelte Frau. Haben Sie schon mal gelesen: Bekiffter verprügelte Frau? Er hatte es vielleicht vor, aber dann hat er eine schöne Tüte durchgezogen und es vergessen. Alkohol und Sex bilden oft eine unheilige Allianz. Hier kommt mein *all time favorite* zu diesem Thema: Ein Mann sitzt in einer Kneipe und tut das, was ihm laut Schöpfungsplan ins Stammhirn gemeißelt ist: Er begehrt eine Frau. Aber er traut sich nicht, sie anzusprechen. Also trinkt er Alkohol. Nun traut er sich, aber er kann nicht mehr sprechen. Man sollte einfach wissen, wie viel Alkohol was genau bewirkt. Schon Kinder sollten das wissen.

In Hessen gab es schon 2002 Workshops in den Schulen mit dem Titel: »Saufen will gelernt sein.« Toll. Nur, und das ist wieder typisch, die betreiben reine Theorie. Ich würde zum Beispiel im Chemieunterricht unter Aufsicht Versuche mit Alkohol durchführen, Reaktionstests, Veränderung der Persönlichkeit und des Sozialverhaltens, am Ende wüsste jeder Schüler genau, wie viel er verträgt, welche Kombinationen ihm nicht bekommen, ob er aggressiv wird, wehleidig, soziopathisch, was auch immer. Natürlich gab es diese Versuche immer schon, aber sozusagen in Eigeninitiative, ohne Aufsicht. Stichwort: Schullandheim. Ich weiß es noch wie heute: Oberwesel, Weingegend, überall gab's billig Riesling, eine halbe Flasche hab ich mit zwölf geschafft, dann wurde ich religiös. Ich lag auf den Knien, drei Uhr morgens, hielt die Kloschüssel umklammert und betete: »Lieber Gott, lass mich sterben.«

Ich sage nicht, dass Kinder saufen sollen, ich sage nur, dass man alle Altersklassen darauf testen sollte, was Alkohol bei ihnen bewirkt, und da könnte man auch einen speziellen Alkoholausweis AA machen, und den lässt sich der Wirt dann vorlegen. Ihren AA, bitte?

Der Eintrag »VWA« könnte bedeuten: »Vorsicht, wird aggressiv, keinen Alkohol ausschenken!«

Und wenn dann einer kommt: »Tach, doppelten Scotch auf Eis, bitte!«

»Darf ich Ihren Ausweis sehen? Ah ja, hier ist die Karte mit den alkoholfreien Drinks.«

Da steht dann nämlich im Ausweis »wa« oder »wsa«, das heißt »wird aggressiv« oder sogar »wird sehr aggressiv«. »Wz« bedeutet »wird zutraulich«.

Man könnte es auch spezifizieren: »wzbnE« = »wird zutraulich besonders nach Eierlikör«.

Da kann der Wirt dann unter Umständen auch Gäste zusammenführen und sagen: »Gisela, du bist doch auch ›zbne‹, hier ist noch einer, am besten, ihr nehmt 'ne Flasche, dann ist es billiger.«

Oder ein »ww« (= »wird witzig«), da weiß der Wirt, der unterhält mir hier den ganzen Laden, da kann er dann sagen: »Für Sie ist den ganzen Abend happy hour.«

Bei mir müsste stehen »ww, sz, pavdpe«: »Wird witzig, sehr zutraulich, pennt aber vor dem Poppen ein.«

Carpe diem

Ich bin Zwilling, 8.6. geboren, in meiner Brust wohnen also ach zwei Seelen. Und das bedeutet Vollstress. Ein ganz normaler Tag läuft bei mir wie folgt ab: Ich werde wach, sehr gut gelaunt, denn in meinem Alter kann man schon froh sein, wenn man wach wird, also werde ich wach, bin froh und sage: »Hallo Brüderchen, lass uns aufstehen.«

Und der andere sagt: »Wieso, was soll die Hektik? Guck mal, wir haben eine Morgenlatte, wollen wir das nicht ausnützen?«

Ich sage: »Nichts da, wir müssen kacken, das geht vor.«

Und der andere sagt: »O. k., ist ja auch schön.«

Ich erzähle das, um Ihnen klarzumachen, dass ich ein komplizierteres Wesen bin als andere, normale Sternzeichen. Alles, was ich tue, ist Ergebnis eines ständigen inneren, oft sehr kontrovers geführten Dialogs.

Ich sage: »Jetzt machen wir Frühsport.«

Der andere: »Nee, keine Böcke heute.«

Ich sage: »Gut, eben hast du nachgegeben, jetzt lass ich dir deinen Willen, das ist Demokratie. Hast du Lust auf Frühstück?«

»O ja, gut und reichlich«, und ich sage: »Prima, dann sind wir uns ja mal einig.«

Mittlerweile ist meine Frau wach geworden und stört unsere mühsam aufgebaute innere Balance.

Sie fragt: »Schatz, weißt du, welcher Tag heute ist?«

»Ja, Sonntag.«

»Welcher Sonntag?«

»Irgendeiner im August halt, mein Gott.«

Sie insistiert: »Welches Datum?«

Jetzt meldet sich der andere Zwilling: »Was geht denn da ab, ich denke, wir wollten schön gemütlich frühstücken?«

»Ja, nun lass sie doch, sie möchte unbedingt wissen, welchen Tag wir haben, es ist ihr scheint's wichtig, du weißt doch, wie sie ist, hast du eine Ahnung?«

»Ich weiß nur, dass ihr heute Hochzeitstag habt.«

»Ihr? Du meinst wohl wir! Ach du grüne Scheiße ...«

Und laut sage ich: »Schatz, ich weiß, du glaubst, ich hätte unseren Hochzeitstag vergessen, keineswegs, vertrau mir einfach. Ich sage nur so viel: Überraschung! Natürlich hast du sie jetzt mit deiner Fragerei ein bisschen kaputt gemacht, aber wenn du jetzt den Rest des Tages dein Zuckerschnütchen hältst und dir sagst: ›Mein geliebter Mann hat sich bestimmt etwas ganz Besonderes für mich einfallen lassen‹, werden wir, so viel kann ich versprechen, einen unvergesslichen Hochzeitstag haben.«

Mit diesen Worten gehe ich ins Bad.

»Und jetzt?«

»Wie und jetzt? Jetzt soll ich es richten, oder was? Du hast doch gerade die Klappe aufgerissen und eine Erwartungshaltung aufgebaut, die finanziell die schlimmsten Folgen haben kann!«

»Was hättest du denn an meiner Stelle gemacht, du Klugscheißer?«

»Ich hätte gesagt: Kalt erwischt, Schatz, ich hab's mal wieder vermasselt, o.k. Strafe muss sein, das ist dein Tag, was haben wir jetzt? Zehn Uhr, von jetzt an bis vierundzwanzig Uhr bestimmst du. Ich mache alles, was du willst, egal was, Müll runterbringen, eine ausgefallene Stellung praktizieren, die wir noch nie hatten, frühstücken im ersten Haus am Platz, Mittag essen im zweiten Haus am Platz, noch eine ausgefallene Stellung, Abendessen bei Burger King, du darfst auch deine dicke Freundin Conny mitnehmen, die mir so auf den Sack geht, noch ein paar Cocktails in irgendeiner tollen Bar, noch eine Stellung, und dann wird es auch Mitternacht sein.«

»Und du meinst, das wird billiger?«

»Auf jeden Fall nicht so teuer wie ein Ring oder ein Wellnesswochenende in einem Top-Hotel und wir haben wenigstens auch was davon!«

Da hatte er leider recht, aber das Rad der Geschichte lässt sich nicht zurückdrehen, und so sagte ich: »Ich habe mir einen Tag für dich ausgedacht, der sich gewaschen hat: Wir werden als Erstes eine ausgefallene Stellung praktizieren, die wir noch nie hatten.«

Und dann klingelte der Wecker, ich schreckte hoch und realisierte, dass wir den 2. Februar hatten, meinen Geburtstag. Ich bin also nicht Zwilling, sondern Wassermann. Und Single. Und es geschah alles so wie in meinem Traumtag, auch die ausgefallenen Stellungen, leider nicht mit der geliebten Partnerin, sondern mit drei verschiedenen flüchtigen Bekanntschaften, aber man kann nicht alles haben. Carpe diem.

Comedy und Politik

Ich werde oft gefragt, welche Ausbildung brauchen Comedians? Keine. Man kann das nicht vorher lernen. Politiker zum Beispiel können das auch nicht. Und das merkt man auch. Es zieht ja auch viele Politiker ins Showgeschäft nach ihrer Karriere. Norbert Blüm hat Kabarett gemacht, Heide Simonis und ihr Triumphzug bei »Let's dance« sind unvergessen. Also grundsätzlich kann jeder ins Showgeschäft und jeder in die Politik. Und zwar in jede Position. Das ist genau das, was die Amerikaner offenbar an Bush geschätzt haben, diese Message: In Amerika kann wirklich jeder Präsident werden. Unsere Kanzlerin vermittelt eine ähnliche Botschaft: Um in Deutschland in der Politik Erfolg zu haben, kommt es nicht aufs Aussehen an. Man wird in Interviews auch oft gefragt: Was würden Sie tun, wenn Sie Bundeskanzler wären?

Da sag ich: Ich würde sehen, dass ich anschließend bei einer großen Firma unterkomme, Gas, Rüstungsindustrie, irgendwas Krisenfestes, also noch mal ordentlich Kohle machen und dann meinen Lebensabend genießen. Aber die Frage ist ja falsch gestellt, Sie meinen, was ich tun würde, wenn ich wirklich was zu sagen hätte, also Diktator wäre. Da gäbe es schon ein paar Gesetze, die mir vorschweben. Auf Fahrradfahrer, die mich auf dem Bürgersteig bedrängen, darf geschossen werden, mit schmerzhaften Gummigeschossen, die entsprechenden Waffen würde ich auch gern vertreiben; wer ein Baby mit ins Kino bringt, das die ganze Zeit plärrt, darf rausgeschmissen werden; und dann würde ich diesen vielen überflüssigen Gesetzen an den Kragen gehen, zum Beispiel: Ein Mädchen wird mit sechzehn schwanger, das Video, das der fünfzehnjährige Vetter ihres siebzehnjährigen Freundes vom Zeugungsakt gedreht hat, dürfen die drei strenggenommen erst mit achtzehn sehen. Gut, in Indien heiraten die Mädchen oft mit zwölf, die dürfen das Video nie sehen, da sind Pornos komplett illegal. In Indien hat die Polizei mal ein illegales Pornokino gestürmt, und da mussten die Leute auf der Straße zur Strafe Liegestütze machen, wahrscheinlich ein Sinnbild für Beischlaf ohne Partnerin oder Partner. Das finde ich witzig. Wenn's das bei uns gäbe, hätten viele Arme wie Popeye, was aber dann wiederum negativ konnotiert wäre. Wenn zum Beispiel Ralf Möller vorbeikäme, würden die Leute tuscheln, äh, guck mal, der Wichser. Aber wir waren ja bei Gesetzen. Es gibt zu viele, und es kommen ständig neue dazu, ohne dass alte gestrichen werden. Ich als Diktator würde sagen, so, liebe Juristen, ihr müsst mit zwanzig Gesetzen auskommen: Du sollst nicht töten, vergewaltigen, klauen, du sollst die Biergläser vollmachen als Wirt, du sollst beim Autofahren nicht telefonieren, vor zehn Uhr dürfen keine Kirchenglocken läuten, und Nummer zwanzig wäre dann meinetwegen, du sollst kein öffentliches Ärgernis erregen, also dich in Park, Bus oder Kneipe nackig machen. Und wenn ein neues Gesetz zu den Top Twenty dazukommt, wird eben irgendetwas anderes aus der Liste gestrichen und ist wieder erlaubt. Wenn ich die Veganer so sehe und höre, kann ich mir gut vorstellen, dass die irgendwann ein Gesetz einbringen: Du darfst in der Öffentlichkeit kein Fleisch essen. Dafür darf ich mich dann zum Beispiel in der Öffentlichkeit entblößen … Wenn einer meckert, sage ich, ja, ich würde auch lieber 'ne Wurst essen, beschweren Sie sich bei den Veganern!

Jetzt können Sie einwenden, das ist doch alles unrealistisch, ja, das ist es doch immer in der Politik, besonders vor Wahlen. Und je geringer die Aussichten zu gewinnen, desto witziger die Wahlversprechen. Die Linkspartei trat in Sachsen vor ein paar Jahren mal mit dem Motto an: »Schöner Leben mit Drogen« und hat die Freigabe aller Drogen gefordert; die wussten genau, mit uns koaliert keiner, da können wir mal was total Abgefahrenes fordern, es hat ja keine Konsequenzen. Aus demselben Grund kacken Hunde überallhin. Es hat keine Konsequenzen. Herrchen oder Frauchen rennen hinter ihnen her und packen die Kacke in einen Frischhaltebeutel. Schmeißen Sie die mal nicht weg; wenn Sie einen Nachbarn haben, den Sie nicht leiden können, tut er gute Dienste: Machen Sie den Beutel gut zu, drücken Sie das Ganze flach und frieren es tief, und dann lassen Sie die Tiefkühlkacke aus dem Gefrierbeutel in den Briefkasten gleiten, am besten, wenn er in Urlaub ist und das Zeug Zeit hat aufzutauen. Und wenn Sie keiner beobachtet, hat das auch keine Konsequenzen.

Auto

Ich weiß ja nicht, was Sie für die Umwelt tun, aber ich habe von der Anschaffung einer Kuhherde abgesehen, weil Kuhfürze und Rülpser Methan enthalten und das Ozonloch vergrößern. In Neuseeland werden Kuhfürze bereits besteuert. Ich mag ja Kühe. Schon als Kind, wenn wir am Wochenende spazieren fuhren über Land und da standen Kühe auf der Weide, angehalten, Fenster runter und: Muuh! Damit die Kuh denken sollte: »Hey, das ist ja eine Kuh in dem Opel. Wo hat die denn das Geld her? Ich kann mir nicht mal ein Moped leisten.«

Möchten Sie meinen Lieblingskuhwitz hören? Sagt eine Kuh zu einem Polizisten: »Stellen Sie sich vor, mein Mann ist auch Bulle.«

Ich fahre privat nicht Auto, erstens aus Umweltgründen und zweitens bin ich ein schlechter Fahrer. Ich gebe das offen zu, ich habe auch Angst vor den anderen Autos, ich sehe ein Auto eigentlich mehr unter Comedyaspekten. Ich klebe zum Beispiel sehr gerne unentgeltlich Aufkleber auf fremde Fahrzeuge, für den Smart nehme ich gerne »Vorsicht Turnierpferde!«

Und ich würde gern Anhalter erschrecken, hobbymäßig. Ich würde so lange rumfahren, bis ich einen hätte, dann würde ich ihn erst mal weichkochen, zehn Minuten ignorieren, nicht mit ihm reden, gar nicht angucken. Dann, wenn ich merke, er fängt an zu ölen, würde ich sagen: »Sind Sie eigentlich ein ängstlicher Typ? Ich würd da gern mal was probieren, das hab ich in einem Actionfilm gesehen, aber es müsste eigentlich klappen.«

Ich bin ja auch schon Auto gefahren, da hatte ich was getrunken, das war eigentlich sehr schön, ich war ganz locker, hatte gar keine Angst mehr, habe auch mit den anderen Verkehrsteilnehmern kommuniziert, habe die Scheibe runtergemacht und gesagt: »Fahr oder stirb, du Sackpfeife, wenn dir dein Kofferraum lieb ist!«

Gut, Alkohol im Verkehr wird ja von Seiten der Exekutive nicht gern gesehen, wobei man festgestellt hat, dass die Reaktionen bis 0,4 Promille besser werden, ab dann schlechter. Bei 0,8 Promille verlängert sich der Bremsweg um vier Meter, aber jetzt kommt's: Wenn man während des Fahrens mit dem Handy telefoniert, verlängert er sich um vierzehn Meter!

Es gibt ganz einfach Situationen, Sie alle wissen das, wo man fährt, auch wenn man getrunken hat. Sie sind beim Chef eingeladen, der wohnt am Arsch der Ewigkeit; man sagt zur Frau: »Schatz, du kannst trinken, ich fahre, ich trinke nur zwei Schorle«, gut, jetzt sind es zwei Flaschen Wein geworden, man wird entsprechend locker, pinkelt in die antike Standuhr, beleidigt die Dame des Hauses: »Wer hat Sie denn geschminkt, Andrea Bocelli?« Das Übliche halt, man fliegt raus, die Frau hat das natürlich wörtlich genommen mit dem Trinken, ist auch keine Hilfe mehr, kotzt gerade den Vorgarten voll; man hat aber am nächsten Morgen einen wichtigen Termin, braucht das Auto, wir kennen das alle, also fährt man.

Ich hab spaßeshalber mal Richtlinien entwickelt, wie man sich als betrunkener Fahrer verhalten sollte bei Überlandfahrten; für den Stadtverkehr ist das weniger geeignet, habe das auch an den ADAC geschickt, aber die waren nicht interessiert. Wollen Sie es hören? Schön.

Als Erstes: Wenn man selber nur ein mittleres oder kleines Auto hat, sollte man sich ein größeres, sicheres borgen, in jedem Fall möglichst viel Blech zwischen sich und einen potenziellen Unfallpartner bringen.

Zweitens: Versuchen Sie gar nicht erst, rechts oder links zu fahren, das bringt nichts. Fahren Sie auf dem Mittelstreifen, das erleichtert Ihnen die Orientierung und gibt dem Gegenverkehr die doppelte Anzahl von Ausweichmöglichkeiten.

Drittens: Wenn Sie merken, es wird Ihnen übel, Sie müssen sich übergeben, schaffen es aber nicht mehr, rechts ranzufahren und anzuhalten, übergeben Sie sich immer zur Beifahrerseite, sodass Ihr Segment der Windschutzscheibe frei bleibt und Sie den Mittelstreifen sehen können.

Damit sind wir beim vierten Punkt, fahren Sie nie ohne Beifahrer!

Gesellschaft ist immer lustiger.

Wenn Sie der Beifahrer sind, sprechen Sie mit dem Fahrer, halten Sie ihn wach. Wählen Sie als Gesprächsthemen Situationen, die der aktuellen ähneln, das sensibilisiert ihn zusätzlich.

Ich habe hier mal einen Modelldialog für Sie vorbereitet.

»Sind Sie schon mal am Steuer eingeschlafen?«

»Wer? Ich? Nein, wie kommen Sie denn darauf? Ich bin nur mal am Steuer wach geworden, bei 180, inner Kurve!«

»Und was ist dann passiert?«

»Bin aus der Kurve hinausgetragen worden, in einen kleinen See hinein.«

»Und was ist dann passiert?«

»Dann ist die Polizei gekommen und hat gefragt: Wie ist das denn passiert?«

»Und was haben Sie gesagt?«

»Benzin war alle, mit vollem Tank hätt ich's bis zum anderen Ufer geschafft!«

Wie man liest, wird es bald Autos geben, die alleine fahren, also ohne Zutun des Fahrers, das ist schön, macht allerdings diesen Text überflüssig, also genießen Sie ihn, bevor es zu spät ist.

Das Tagebuch schlägt zurück

»Liebes Tagebuch« begann ich wie üblich meinen täglichen Eintrag. Dann folgten die Ereignisse des gestrigen Tages, der übliche Stress in der Schule, auch wenn es nur eine halbe Stelle ist, der Chat mit der Quizduell-Partnerin, die sich Mata Hairy nennt, angeblich Lehrerin und zweiunddreißig ist, die Versuche, mit meinem Roman weiterzukommen. Dazu ging ich in den Keller und holte mir eine Flasche apulischen Primitivo. Als ich zurückkam, zweifelte ich einen Moment an meinem Verstand, aber es gab keinen Zweifel, mein Tagebuch hatte mir geantwortet.

»Hallo Blödmann«, stand da. »Nichts für ungut, aber diese langweilige Scheiße, mit der du mich jeden Tag vollmüllst, kotzt mich an. Kannst du nicht einmal etwas Interessantes schreiben? Du musst es ja nicht erleben, denk dir einfach was aus!«

O. k., ganz ruhig, wer konnte das geschrieben haben? Meine Nachbarin hatte einen Schlüssel zu meiner Wohnung, sie kontrollierte mich auch durch ihren Türspion, das wusste ich, weil sie oft, wenn ich rausging, wie zufällig aus ihrer Wohnung kam und irgendetwas wollte, dass ich ihren Müll mit runternahm oder was einkaufte. Das war schon manchmal etwas lästig, vor allem wenn sie das Gespräch auf meine Damenbesuche brachte.

»Na, Herr Oslowski, ist es diesmal was Ernstes?«

»Nein, das war eine Kollegin aus der Schule, wir haben eine gemeinsame AG vorbereitet.«

»Wie schade, die sah aus, als ob sie gut zu Ihnen passte.«

Eifersucht ist ja oft ein Beweggrund für kriminelle Aktionen, schied aber in diesem Fall wohl aus. Meine Nachbarin war sechsundsiebzig.

Mein Hund? Das wär's ja wohl: ein Dackel-Schäfer-Mischling,

der tippen kann. Nein, Giselher war froh, wenn er seine Klöten fand, wenn ihn ein Leckbedürfnis überkam. Sie fragen sich vielleicht: Giselher? Was ist das denn für ein Hundename? Und genau das werde ich oft gefragt, wenn ich mit ihm im Park Gassi oder in diesem Fall Parki gehe, in fünfzig Prozent der Fälle auch von Frauen, und schon ist man im Gespräch.

Ich bin Gymnasiallehrer für Deutsch und Geschichte, und die Nibelungen sind meine große Leidenschaft, ich erkläre dann, Giselher war Kriemhilds Bruder und ...

»Aha, wer war Kriemhild?«

Vielleicht sollte ich auf *Game of Thrones* umschulen.

Bleibt als Erklärung nur ein Hacker, der sieht, was ich gerade schreibe, und mich jetzt in den Wahnsinn treiben will. Die klassische Kriminalistenfrage lautet ja »Cui bono?«, wem nützt es? Habe ich Feinde? Die Üblichen, die jeder Lehrer hat: die Hälfte der Kollegen, den Schulleiter, die Sekretärin, den Hausmeister, die Schüler und Eltern. Die geschiedene Frau natürlich, aber die hat mit sich selbst, ihrem neuen Ehemann, dessen Eltern Zeugen Jehovas sind, den beiden Kindern aus seiner ersten Ehe und ihrem Fitnesstrainer, mit dem sie auch schläft, genug zu tun. Also Fehlanzeige.

Bleibt die Flucht nach vorn, ich werde einfach auf das Spielchen eingehen. Also schrieb ich: »Hey Tagebuch, was für eine Überraschung, du kannst zurückschreiben. Tut mir leid, dass du dich mit meinen Einträgen langweilst, aber mein Leben gibt nicht so viel her. Möchtest du vielleicht ein paar intimere Details? Thomas Mann hat in seinen Tagebüchern ja auch jede Selbstbefriedigung penibel (!) aufgeführt. Sag mir einfach, was dich interessiert. Ach ja, vom Genus her bist du ja Neutrum, aber hast du vielleicht ein reales Geschlecht, und wenn ja, bist du Männchen oder Weibchen? Ich bin wirklich gespannt!«

Die Flasche Rotwein war noch halb voll, ich musste also nicht in den Keller, aber ein bisschen Appetit hatte ich. Also schnitt ich mir ein paar Champignons in die trockene heiße Pfanne, kein Öl, das ist wichtig, immer schön wenden, nach kurzer Zeit tritt Flüssigkeit aus, die verdampfen lassen, dann mit Pfeffer und Salz würzen und einen guten Stich Butter drauf. Das Ganze auf eine schöne Scheibe Graubrot, köstlich. Gott sei Dank hatte ich von gestern noch einen herrlichen Grauburgunder aus der Pfalz offen, denn dazu passt kein Roter.

Als ich aus der Küche kam, hatte mein Tagebuch tatsächlich schon reagiert: »Hallo Blödmann, du bist ja ein ganz Schlauer! Allerdings hast du übersehen, dass Thomas Mann außer Wichsen noch was anderes konnte, und da sieht es bei dir ja eher mau aus. Aber vielleicht tu ich dir ja auch unrecht. Hier kommt ein kleiner Test. Schreib mal ein kleines Weihnachtsgedicht, in dem die Wörter Nordpol, Harzer Käse, Frostschutzmittel und Maut vorkommen, es müssen auch nicht die Reimwörter sein, viel Spaß.«

Blödes Arschloch! Nicht die Reimwörter! Ruhig bleiben. Der oder die will mich provozieren, zu einer unüberlegten Handlung oder besser Äußerung bewegen, die er oder sie oder, besser, es, bis das Geschlecht geklärt ist, dann ins Netz stellt. Vielleicht hat er ja schon eine eigene Seite, Deutschlands blödeste Tagebuchschreiber.

Warum tu ich mir das überhaupt an? Ich könnte doch auch das Tagebuch ausdrucken, dann löschen und in Zukunft von Hand weiterschreiben? Wo ist der Grauburgunder? Wo wird er sein, im Kino? Wie mal ein alter Komiker schrieb. Dann muss der Primitivo wieder ran. Moment, es kommt: Gibt's am Nordpol Harzer Käse, Frostschutzmittel oder Maut?

Wahrscheinlich nicht, so meine These, die euch doch wohl vom Schlitten haut.

Dieses Spitzengedicht habe ich meinem Tagebuch erst mal um die Ohren gehauen und dann dazugeschrieben: »Und hier kommt meine Aufgabe für dich, du Klugscheißer: ein erotisches

Gedicht, in dem folgende Wörter vorkommen sollen: Siegfried, Gunther, Hagen, Etzel. Viel Spaß.«

Siegfried half einst König Gunther auf die Brunhild,
rauf und runter,
dann ging er joggen in den Wald,
da machte ihn der Hagen kalt.
Kriemhild floh aus Frust zu Etzel,
dort traf man sich zum Schlussgemetzel.

Das hat nicht etwa mein Tagebuchhacker geschrieben, das habe ich beim letzten Glas Primitivo quasi als Fingerübung handschriftlich notiert. Mein Tagebuch habe ich dann ausgedruckt und gelöscht. Nach ein paar Tagen hatte ich den Hacker vergessen.

Im Briefkasten war eine Postkarte. Hallo Blödmann, schöner Versuch, aber ich kann auch Gedanken lesen. Wie findest du dieses beschissene Gedicht:

Siegfried half einst König Gunther auf die Brunhild,
rauf und runter,
dann ging er joggen in den Wald,
da machte ihn der Hagen kalt.
Kriemhild floh aus Frust zu Etzel,
dort traf man sich zum Schlussgemetzel.

Da wurde mir aber dann doch anders. Mein Psychiater vermutet eine ganz schräge Nummer: Er sagt, ich bin an einen Hypnotiseur geraten, der meine Trance zu dem posthypnotischen Befehl benutzt hat, dass ich meine eigenen Tagebucheinträge beantworte. Tatsächlich bin ich vor Kurzem in einem Varieté gewesen, und der Zauberer hat mich auf die Bühne geholt. Zuschauer haben mir hinterher erzählt, dass ich mich richtig zum Obst gemacht habe, die Klamotten ausgezogen, weil ich mich in der Sahara glaubte, dann war ich ein Bernhardiner und habe versucht, an das Fässchen mit Schnaps zu kommen, das die immer um den Hals tragen. Ich habe dann in der Zeitung gelesen, dass der Zauberer zwei Tage später tödlich verunglückt ist. Jetzt habe ich zwei Probleme. Er kann den posthypnotischen Befehl, also das, was er mir zu tun befohlen hat, nachdem ich aus der Trance erwacht bin, nicht mehr aufheben, und ich weiß natürlich nicht, was er mir alles befohlen hat. Beunruhigend ist schon mal, dass ich mich meiner sechsundsiebzigjährigen Nachbarin nackt gezeigt habe, wenn auch nur ganz kurz.

Der Arztbesuch

»Sie haben ein Messer im Rücken.«

»Oh, das würde diesen Schmerz erklären. Ich hielt es für einen Hexenschuss, den ich häufiger mal bekomme.«

»Das ist ein sehr schönes Messer, ich ziehe es mal raus.«

»Aua.«

»Ja, das kann wehtun, vor allem wenn die Messer längere Zeit im Körper stecken und dann so ein bisschen angewachsen sind, also das ist ja wirklich ein schönes Stück. Gehört es Ihnen?«

»Nein, nicht dass ich wüsste.«

»Dann gehört es jetzt mir. Ich sammle nämlich Messer. Kann ich Ihnen sonst irgendwie helfen?«

»Ja, ich denke schon, ist das Blut, das mir den Rücken runterläuft?«

»Größtenteils, weil die Wunde auch eitert, aber das ist im Grunde ein gutes Zeichen.«

»Wollen Sie die Wunde nicht versorgen?«

»Wenn Sie darauf bestehen, gern, sind Sie privat versichert?«

»Nein, macht das einen Unterschied?«

»Irgendwie schon, denn dienstags nehme ich nur Privatpatienten.«

»Heute ist Mittwoch!«

»Was? Da dürfte ich gar nicht hier sein, mittwochs habe ich Ruhetag, das steht auch an der Tür.«

»Aber ich bin ein Notfall!«

»Es gibt viele Notfälle am Mittwoch, und die müssen alle zu einem Arzt, der mittwochs Sprechstunde hat.«

»Ich werde mich über Sie beschweren!«

»Da sind Sie weiß Gott nicht der Erste, aber an Ihrer Stelle würde ich Prioritäten setzen – das bedeutet: Suchen Sie sich schleunigst einen Arzt, der mittwochs offen hat.«

»Sind Sie nicht durch den hippokratischen Eid zum Helfen verpflichtet?«

»Nur innerhalb meiner Öffnungszeiten, außerhalb ruht der Eid.«

»Können Sie mir wenigstens einen Arzt empfehlen, der jetzt Sprechstunde hat?«

»Nein, die haben mittwochs fast alle zu, mein Vater vielleicht, gut, der praktiziert eigentlich nicht mehr, aber manchmal behandelt er Leute aus Gutmütigkeit und gegen Schwarzkohle. Allerdings nur Frauen.«

»Wieso?«

»Er ist Frauenarzt.«

»Ich bin aber nicht schwanger, sondern habe eine blutende, eiternde Stichwunde am Rücken!«

»Das kriegt er schon hin, Sie müssen sich halt andersrum in den gynäkologischen Stuhl setzen, ist am Anfang sicher ungewohnt, aber machbar. Aber wie gesagt: Ist nur ein Vorschlag, entscheiden tun Sie!«

»Wissen Sie, was ich tue? Ich rufe die Polizei!«

»Wenn Sie meinen, dass die Ihnen besser helfen kann als mein Vater …«

Der Arzt ließ das Manuskript sinken und fragte: »Na, wie finden Sie die Geschichte?«

»Ja, ganz originell, aber sie hat keinen richtigen Schluss!«

»Ja, das habe ich mir auch schon überlegt, fällt Ihnen vielleicht was ein?«

»Na ja, vielleicht könnte ein weiterer Patient kommen, vielleicht jemand mit einer Axt im Kopf?«

»So ein Quatsch, eine Axt im Kopf bemerkt man doch, das ist doch nicht wie … wie …«

»... ein Messer im Rücken vielleicht? Das bemerkt man natürlich nicht, vor allem, wenn die Wunde schon eitert, na, Sie machen mir vielleicht Spaß!«

»Hören Sie, das muss ich aber jetzt nicht haben, dass ich mich von Ihnen runterputzen lasse! Ich bin Hobbyautor und versuche mein Bestes, um ungewöhnliche Geschichten zu schreiben, und wenn Sie nur ein kleines bisschen Gespür für Psychologie hätten, wüssten Sie, dass erzählerisches Talent ein sehr zartes, empfindliches Pflänzchen ist, mit dem man sorgsam umgehen muss ...«

»... genau wie ein Hexenschuss, dem eigentlichen Anlass meines Besuchs. Könnten Sie sich vielleicht jetzt mal darum kümmern?«

»Wie spät ist es?«

»Zehn nach elf.«

»Dann tut es mir leid, die Sprechstunde geht von neun bis elf, lassen Sie sich einen neuen Termin geben.«

»Das darf doch wohl nicht wahr sein, Sie lesen mir Ihre schwachsinnige Geschichte vor und erzählen mir dann, die Sprechstunde ist vorbei?«

»Richtig, und gerade fällt mir ein, dass ich gar keine neuen Patienten mehr annehme, da werden Sie sich wohl einen anderen Arzt zum Anpöbeln suchen müssen!«

»Ich werde mich bei der Ärztekammer über Sie beschweren!«

In diesem Moment betrat jemand die Praxis. Eine sehr gut aussehende Frau, in einer etwas zu dominanten Parfümwolke.

»Bist du fertig, Gustav, können wir gleich gehen, ich bin spitz und hungrig.«

»Sie haben es gehört, mein Lieber, wenn die Vorsitzende der Ärztekammer ruft, muss man als kleiner Zahnarzt springen, so ist das im Leben.«

»Sie sind Zahnarzt?«

»Ja, seit dreizehn Jahren, steht auch an der Tür.«

»Aber ich wollte doch zum Orthopäden!«

»Das ist die Praxis gegenüber auf dem Flur, aber der hat jetzt auch keine Sprechstunde mehr. Und nur so als Tipp: Wenn Sie morgen zu ihm gehen, der Kollege ist begeisterter Hobbymaler, die ganze Praxis hängt voll mit seinen Bildern, und er sieht es sehr gerne, wenn die Patienten eins kaufen … dieser Tipp war gratis, man ist ja kein Unmensch. Gute Besserung!«

Der Autoverkäufer

»Guten Tag. Möchten Sie ein Auto kaufen?«

»Donnerwetter, das ist ja geradezu unheimlich! Ich betrete ein Autohaus, gucke mich suchend um, und daraus schließen Sie, ich will ein Auto kaufen. Können Sie Gedanken lesen?«

»Sie haben Humor, das gefällt mir. O. k., Sie wollen Spaß. Sollen Sie haben, ich werde Ihnen nämlich den Wagen verkaufen, der für Sie maßgeschneidert ist. Wir machen jetzt mal eine kleine Spritztour, und danach weiß ich, was Sie brauchen, hier, wir nehmen gleich den, steigen Sie ein, und los geht's. Donnerwetter, es gibt nicht viele, die noch auf dem Gelände auf siebzig Sachen kommen, wie viele Punkte haben Sie in Flensburg?«

»Ich zähle nicht, ich sammle einfach. Donnerwetter, die Karre beschleunigt ja echt gut, wollen wir mal auf die Autobahn?«

»Aber gerne.«

Zehn Minuten später.

»Können Sie mal kurz rechts ranfahren, ich möchte mich übergeben. Danke. So einen Fahrer wie Sie habe ich noch nie erlebt.«

»Ja danke, und Sie haben nicht übertrieben, ich habe bis jetzt wirklich Spaß gehabt. Was kostet die Karre?«

»Achtzigtausend.«

»O. k. Haben Sie einen Wagen mit denselben Fahreigenschaften als Gebrauchtwagen für sagen wir achthundert Euro?«

»Nicht hundert Prozent, aber teilweise.«

»Was heißt das?«

»Das äußere Erscheinungsbild ist ähnlich, also vier Räder und eine sehr ähnliche Farbe, Lenkrad, vier Sitze, Kofferraum. Ab da beginnen die Unterschiede.«

»Als da wären?«

»Spitzengeschwindigkeit, Motorleistung, Verbrauch, Kleinigkeiten im Grunde.«

»Gut, den guck ich mir dann mal an. Können wir auf dem Rückweg einen kleinen Schlenker machen und meine neue Flamme abholen, ich würde sie gerne in die Entscheidung einbinden.«

»Gar kein Problem.«

Zehn Minuten später.

»So, da wären wir.«

»Das nenne ich einen Zufall.«

»Wieso?«

»In dem Haus wohne ich auch.«

»Aha, dann kennen Sie meine Freundin wahrscheinlich sogar.«

»Ja vermutlich, nur wohnen bei uns im Haus keine ledigen Damen.«

»Ups, jetzt machen Sie mich aber ein wenig unsicher, meine Freundin ist in der Tat verheiratet.«

»Wie heißt sie?«

»Wollen Sie das wirklich wissen?«

»Ja, irgendwie schon.«

»Elvira.«

»So heißt meine Frau schon mal nicht, allerdings gibt es auch keine andere Frau in diesem Haus, die so heißt.«

»Was macht Sie da so sicher?«

»Es ist ein Zweifamilienhaus und wir kennen die andere Mietpartei seit acht Jahren.«

»Es könnte doch aber sein, dass Ihre Nachbarin mir einen falschen Namen gesagt hat.«

»Möglich, aber unwahrscheinlich, sie ist sechsundsiebzig.«

»Dann scheidet sie definitiv aus, was machen wir jetzt?«

»Sie steigen aus und teilen meiner Frau mit, dass ich alles

weiß, ich bringe diesen Wagen zurück ins Autohaus und suche anschließend einen Scheidungsanwalt auf.«

»Den Weg könnten Sie sich sparen.«

»Wieso?«

»Ich bin Scheidungsanwalt und schlage Ihnen folgenden Deal vor: Sie kommen mir mit dem Preis für genau diesen Wagen entgegen, dann ist Ihre Provision etwas geringer, reicht aber immer noch dicke, um mein Honorar zu zahlen, wenn ich bei der Scheidung Ihr gemeinsamer Anwalt bin. Das heißt, Sie hätten die Scheidung praktisch umsonst. *Deal or no deal?*«

»Deal.«

Es stellte sich dann heraus, dass der Anwalt sich in der Hausnummer geirrt hatte; die Frau des Autoverkäufers war so empört, als sie hörte, dass ihr Mann sich wegen eines Autodeals beinahe hätte von ihr scheiden lassen wollen, dass sie sich von ihm trennte. Nebenbei: Der Vorwand kam ihr gerade recht, sie hatte nämlich schon seit zwei Jahren eine Affäre mit seinem Chef. Was sie ihrem Mann dann auch sagte, der daraufhin einen kleinen Zusammenbruch erlitt. Der Kerl kann einem echt leidtun. Deswegen lasse ich ihn jetzt auch nicht aus Versehen den Chef überfahren, was die Geschworenen als Mord auslegen würden, sondern er nimmt eine Anhalterin mit auf dem Weg zurück zum Autohaus, jung, hübsch, klug, verliebt sich in sie, fährt nicht zum Autohaus, verkauft den Wagen an ein anderes Autohaus, erzielt dabei einen absoluten Superpreis, weil der Händler einen Kunden an der Hand hatte, einen Scheich, der genau dieses Modell suchte; von dem Geld eröffnet er mit seiner neuen Partnerin, die ganz toll nähen kann, eine Edelboutique; es wird ein Riesenerfolg, sie expandieren in alle Welt, werden reich und glücklich, adoptieren ein Kind, weil sie keine bekommen kann, und dieses Kind, hochbegabt, aber drogenaffin, bringt seine Adoptiveltern dann irgendwann um. So ist es, glaube ich, rund.

Der stärkste Mann der Welt

Bild am Sonntag schrieb: 1141 Artgenossen könne der Mistkäfer auf einmal hinter sich herziehen und sei damit das stärkste Insekt der Welt. Wollte ich diese Leistung nachmachen, müsste ich sechs voll besetzte Doppeldeckerbusse hinter mir herziehen und wäre damit der stärkste Mann der Welt. Will ich das? Warum nicht, es bedeutet Fernsehauftritte in aller Welt, es bedeutet aber auch: Neid, Konkurrenzkampf. Junge Männer, vorwiegend aus sozialen Brennpunkten, die für plötzlichen Ruhm und daraus resultierenden Reichtum empfänglich sind, werden anfangen zu trainieren. Ich werde von Leuten lesen, die bereits am siebten Doppeldeckerbus arbeiten oder ein Ausflugsschiff gegen die Strömung einen Kilometer den Rhein hochziehen. Ich werde denken: O. k., das mit dem Ausflugsschiff wird mir nicht gefährlich, das ist erstmal sehr stark ortsgebunden und für eine Außenwette bei *Wetten dass?* ist es zu lang, zumal es *Wetten dass?* nicht mehr gibt, aber dann liest man vielleicht von einem griechischen Ziegenhirten, der eine zwei Tonnen schwere dorische Steinsäule zwei Minuten auf der Nasenwurzel balancieren kann, wendet sich von mir und meinen sechs Doppeldeckerbussen ab und diesem Hirten zu.

Und dann natürlich der Presserummel: »Herr von der Lippe, Sie sind jetzt achtundsechzig, haben vierzehn Bücher veröffentlicht, mit fünfzehn Bühnenprogrammen etliche Tausend Bühnenauftritte absolviert, von Ihren TV-Shows gar nicht zu reden, warum wollten Sie jetzt unbedingt der stärkste Mann der Welt werden?«

Und dann müsste ich natürlich eine hübsche Geschichte parat haben, so was wie: Ja, wissen Sie, ich fahre mit meinem Rennrad eine steile Bergstraße lang und sehe, wie ein voll besetzter Bus vor mir ins Schlingern kommt, mit dem rechten Vorderrad aufs Bankett gerät und droht, in den Abgrund zu stürzen, das Ganze bei ca. sechzig Stundenkilometern. Ich überhole ihn, packe seine Antenne und ziehe ihn wieder in die Spur. Keine große Sache, bin dann auch weitergefahren, ich hasse den Rummel, den Menschen veranstalten können, die dir ihr Leben verdanken, aber dieses Gefühl im rechten Bizeps, das durch totale Übersäuerung entsteht, war mir neu, hat mich echt geflasht, ich habe dann nachts auf Busbahnhöfen angefangen, mit leeren Bussen zu üben, das wurde schnell langweilig, irgendwann kam ich am Alex vorbei in Berlin, war da ein Doppeldeckerbus mit Japanern liegen geblieben, den hab ich dann erst mal auf den Parkstreifen geschoben, die Söhne und Töchter Nippons waren dem Kreislaufkollaps nah, habe ihnen dann erklärt, »det is Balin«, so was gehört hier zum Unterhaltungsprogramm dazu. Da war ich dann schon »stärkster Senior Deutschlands«, und dann gab einfach ein Doppeldeckerbus dem anderen die Klinke in die Hand; der Senat hat mich dann häufiger für Auftritte auf den Rollfeldern vom BER engagiert, um die Weltöffentlichkeit von der jeweils neuesten Panne abzulenken und so weiter und so weiter. Also, ich glaube, ich lass das, die Vorteile wiegen die Nachteile einfach nicht auf und letztens stellte sich auch die Frage, wie realistisch ist das Ganze, als nämlich meine Frau sagte: »Kannst du mal die Couch anheben, da ist mir ein Fünf-Cent-Stück druntergerollt.«

Während der folgenden vier Wochen Physiotherapie wegen des Bandscheibenvorfalls hatte ich ausreichend Zeit, um mich von der ganzen Idee zu verabschieden, zumal ich dann auch las: Präriewühlmäuse können bis zu vierzig Stunden am Stück kopulieren. Ich habe das Buch mit dieser Information erst mal versteckt, nicht dass meine Frau auf dumme Gedanken kommt.

Versteckte Kamera, die 100ste

Ich weiß nicht, woran es liegt, und es korrespondiert auch nicht mit meiner ansonsten immer dominanteren Altersmilde, aber als ich vor einiger Zeit auf Pro 7 *The big surprise* sah, den hundertsten Aufguss der versteckten Kamera, habe ich mir gedacht: falsches Konzept. Hier wird auf den schnellen Effekt hingearbeitet, das flüchtige Glücksgefühl, die Nachhaltigkeit bleibt außen vor! Höhepunkt war ein Medizinstipendiat aus dem Jemen, dem man vorgaukelte, er verliere jetzt wegen angeblichen Täuschungsversuchs bei der Prüfung Stipendium und Studienplatz. Der Student wurde dann zur Entschädigung seiner Eltern aus dem Jemen ansichtig, die er sechs Jahre nicht gesehen hatte, der gesamte Hörsaal weinte, der Student sowieso, die Moderatorin Palina, alle. Das geht natürlich nicht. Die Eltern hätten sich als falsch herausstellen müssen, also zwei Schauspieler, die sagen, das ist nicht unser Sohn, ja sicher, der Name ist gleich, aber der ist sehr häufig im Jemen, wie heißen deine Eltern denn? Ja, die kennen wir, die haben sich scheiden lassen, und der Vater sitzt im Gefängnis, also hoffentlich sitzt er da noch, im Jemen weiß man ja nie. Was hätte er daraus gelernt? Trau niemals deiner Freundin, denn die war ja die Komplizin des Senders. Die andere, noch bessere Möglichkeit: Es sind seine Eltern, und die haben noch ein Mädchen aus der Heimat dabei und sagen: Hier ist deine Braut, mit ihren Eltern ist alles klar, nächste Woche wird geheiratet. Und der Student willigt ein. Denn in Wirklichkeit ist seine Freundin die Verarschte. Und dann erfährt man von einem Psychologen noch, dass die Partner in einer arrangierten Ehe durchaus nicht unglücklicher sind als in einer in freier Wildbahn zustande gekommenen. Dritte Möglichkeit: Es kommen nicht seine Eltern, sondern die seiner Freundin, und dann erklären die Freundin und sein bester Freund, der auch mitgemacht hat, dass sie sich lieben und demnächst heiraten würden, und er wäre herzlich eingeladen, und da kämen dann auch seine Eltern. Und als Stargast die alte Peggy March, und die würde noch mal ihren Hit singen: »Die Liebe ist ein seltsames Spiel.« So wäre es, glaube ich, rund.

Aber grundsätzlich würde ich mich von diesen komplizierten Konstrukten, die auch viel zu störanfällig sind, verabschieden und *back to the roots* gehen, den ganz einfachen Versuchsanordnungen. Herrentoilette, jemand pinkelt beidhändig, drei Kameras, der Mitarbeiter des Senders schleicht sich an und kitzelt ihn mit beiden Händen kräftig und ergreift sofort die Flucht. Wem das Kitzeln zu direkt ist: Gute Wirkungen erzielt man sicher auch mit einer Pressluftfanfare, wie man sie vom Fußball kennt.

Und hier habe ich noch was ganz Feines. Sowie sich im ICE einer auf der Toilette hingehockt hat, kommt die Durchsage: »Bitte nehmen Sie sofort wieder Ihren Platz ein, der Zug wird in wenigen Sekunden eine Notbremsung vornehmen.« Und zehn Sekunden später: »Achtung, eine Durchsage für die Toilette in Wagen elf. Sie wurden gerade für die *Versteckte Kamera* aufgezeichnet. Wenn Sie mit der Ausstrahlung nicht einverstanden sind, wenden Sie sich bitte an den Zugbegleiter.«

Statt Notbremsung könnte man natürlich auch sagen: »Bitte verlassen Sie umgehend die Bordtoilette, aufgrund einer technischen Störung wird sich in dreißig Sekunden die Sprinkleranlage einschalten.«

Als Preis bieten sich in diesem Fall Freifahrtscheine für den Fernbus an.

Die Außerirdische

Seit gestern ist nichts mehr, wie es war. Ich habe eine Mitbewohnerin von auswärts, also eine Außerirdische. Sie war auf einmal da, wie und warum, weiß ich noch nicht, wir stehen kommunikationstechnisch gesehen noch ganz am Anfang.

Es scheint aber so zu sein, dass sie keine Vokale kennt, nur Konsonanten. Als ich, wie man das am Anfang so macht, auf mich deutete und »Jürgen« sagte, wiederholte sie »Jrgn«, und zwar von oben nach unten, sprachmelodisch gesehen. Dann deutete sie auf sich und sagte so was wie »Nglk«. Von unten nach oben. Da kann ich mir jetzt aussuchen, ob sie Angelika oder Nagellack heißt. Letzteres wahrscheinlich nicht, weil sie gar keine Fingernägel hat. Streng genommen nicht mal Finger, auch keine Hände, eher so eine Art Flossen. Und sie ist natürlich nicht grün, wie Klein Fritzchen sich das vorstellt, sie ist flamingorosa, also der Kopf, der Körper ist graubraun und quadratisch, ohne Beine. Sie bewegt sich auf einem Luftstrom, wie ein Luftkissenboot, steuern tut sie mit den Flossen. Wo ich ebenfalls im Dunkeln tappe, ist ihre Ernährung. Sie hat in der unteren Kopfhälfte eine relativ große, fast quadratische Öffnung, in die sie alles Bewegliche steckt, was ihr in die Finger kommt: Plastiktüten, Fernbedienungen, Obst, Legosteine, Seife, Münzen. Und das Tolle ist: Es bleibt verschwunden. Ihr Körper scheidet nichts aus außer etwas graublauen Qualm, aus demselben Loch, aus dem die Antriebsluft strömt. Und zwar zuverlässig fünfzehn Minuten nachdem sie irgendetwas eingeworfen hat. Für mich als praktisch denkenden Menschen heißt das: Nie mehr Müll runterbringen, nur noch zerkleinern, sodass er in die Luke passt. Gestern kam meine Mutter vorbei wie jede Woche, sie bringt die saubere Wäsche und holt die schmutzige ab. Das könnte sie einfacher haben, aber es war nicht meine Idee, von zu Hause auszuziehen. Natürlich stand meine Mutter meiner neuen Mitbewohnerin skeptisch bis ablehnend gegenüber, der Klassiker.

»Guten Tag«, sagte sie reserviert.

»Gtn Tg«, kam es zurück.

»Wieso spricht sie so komisch?«

»Ich weiß es nicht.«

»Die sieht auch komisch aus!«

»Mutter, bitte, sie kann dich hören!«

»Ja und, sie versteht mich doch sowieso nicht!«

»Woher willst du das wissen?«

»Ich verstehe sie ja auch nicht, und wieso bist du überhaupt sicher, dass es eine Sie ist?«

»Weiß nicht, ist so ein Gefühl.«

»Aber sie ist doch zu nichts nütze!«

»Sie ist eine Müllverbrennungsanlage.«

»Wie?«

»Man steckt irgendwas rein, nach fünfzehn Minuten qualmt es ein bisschen, und der Müll ist weg.«

»Heißt das etwa, sie trennt nicht?«

»Das kann man so nicht sagen, man weiß ja gar nicht, was in ihr vorgeht.«

»Trennen Sie den Müll, den Sie essen?«, fragte meine Mutter.

»Nn«, sagte sie und richtete zwei der sechs Drähte, die ihr aus dem Kopf wuchsen, auf meine Mutter, die mit den pupillenartigen Knubbeln. Meine Mutter seufzte und holte den Staubsauger aus der Kammer. Nach anderthalb Stunden war die Bude wie neu, Angelika, wie ich beschlossen hatte, sie zu nennen, ließ während des gesamten Reinigungsprozesses die Pupillen nicht von meiner Mutter. Abends machte ich mir ein paar Brote und trank ein paar Gläser Wein, Angelika bekam eine alte, längst abgelaufene Dose Thunfisch und die Scherben von meinem Weinglas, das ich umgestoßen hatte. Irgendwann stellte sie sich vor mich, es summte ein bisschen, und ihre vordere Körperhälfte war plötzlich ein Display, auf dem in FullHD ein Pornofilm erschien. Die Frauen wirkten allerdings fast quadratisch, und die Beine schienen sich mit zunehmender Filmdauer zu verkürzen. Es hat mich zunächst irritiert, dann mein technisches Interesse geweckt und am Ende sogar ein wenig erregt, und ich meine gesehen zu haben, wie Angelikas Müllöffnung sich zu so etwas wie einem Lächeln verformte. Anschließend rauchten wir beide, ich eine Zigarette und sie, weil sie den Thunfisch verdaut hatte. Am nächsten Morgen traute ich im Bad meinen Augen nicht, meine Gesichtsfarbe spielte ins Flamingorosahafte, und mein Bauch machte metallische Geräusche, als ich draufklopfte. Ich beschloss, Tagebuch zu führen, um sicherzustellen, dass ich nicht durchdrehe.

15.4. Angelika hat die ganze Wohnung picobello geputzt und anschließend meine Mutter nicht reingelassen.

16.4. Die Frauen in den Pornos werden immer quadratischer, meine Hände bilden sich zurück.

15.4. Angelika hat, während ich schlief, Nachwuchs bekommen, oder darf ich sagen: Wir haben Nachwuchs bekommen; das kleine Wesen sieht aus wie die Mama, hat aber eine Andeutung von roten Haaren, wie ich.

16.4: Wr wrdn hrtn.

Die Bahnsteigmasche

»Achtung, eine Durchsage für Gleis 8. Der verspätete ICE 406 aus Ostende, planmäßige Weiterfahrt 17.43 Uhr, hat jetzt Einfahrt auf Gleis 8. Bitte Vorsicht bei der Einfahrt des Zuges.«

Der Wagenstandsanzeiger hat mir verraten, dass die Zugmitte beim Buchstaben D auf Gleis 8 sein wird. Dort stehe ich mit meinem Blumensträußchen. Ich sehe aus wie ein Lover, der auf seine Braut wartet, was ich in gewisser Weise auch tue. Nur dass ich sie noch nicht kenne. Ich checke die Solofrauen, die sich suchend umgucken, irgendwann frustriert ihr Handy rausholen, wählen und dann kein Gespräch führen, sondern offensichtlich eine Mailbox besprechen. Das sind meine Opfer. Die oder die Mädels, die ihren Freund oder Mann vom Zug abholen wollten, und er steigt nicht aus, aber das ist eher selten. Aber heute ist es der Fall. Sie, blonde Helmfrisur, zauberhaftes buntes Hängerkleidchen und weiche Wildlederstiefeletten, steht da und guckt suchend den Zug rauf und runter.

Und jetzt komme ich: »Entschuldigung, sind Sie auch versetzt worden? Würden Sie mir die Freude machen und mein Begrüßungssträußchen annehmen? Ich habe ja jetzt keine Verwendung mehr dafür.«

»Das ist ja sehr nett von Ihnen. Aber vielleicht kommt sie ja noch mit dem nächsten Zug?«

»Nun, da hätte sie Zeit genug gehabt, mir das mitzuteilen. Ich wünsche Ihnen einen schönen Abend. Oder haben Sie vielleicht Lust auf einen Kaffee? Dann können wir über unsere bescheuerten Partner herziehen!«

»Das ist eine tolle Idee, das machen wir!«

Klingt einfach, ist es auch und hat dabei eine fast unheimliche Trefferquote: zehn Versuche, achtmal Kaffee, fünfmal danach auch Essen und viermal danach in die Kiste. Selbst schuld, Jungs, kann ich da nur sagen, wer nicht im Zug sitzt oder sein Mädel nicht abholt, den bestraft das Leben. Meine Nr. 11 heißt Vanessa, ist neunundzwanzig, hat Kommunikationsdesign studiert, was immer das sein mag, und kocht gerne. Wir kommen kaum zum Kaffeetrinken.

»Wie machst du eine spanische Tortilla?«

Zufällig hatte ich das gerade im Urlaub gelernt.

»Wichtig ist die richtige Kartoffel, und noch wichtiger ist, dass man sie klein würfelt und zusammen mit den gehackten Zwiebeln in viel Öl nicht bräunt, sondern gart, aber sie dürfen nicht braun werden. Dann die geschlagenen Eier dazu, Pfeffer, Salz und die Masse in einer nicht zu großen beschichteten Pfanne in viel Öl sehr scharf anbraten, dann Hitze wegnehmen, das überschüssige Öl abgießen und unter vier- bis fünfmaligem Wenden, das macht man mit einem genügend großen Topfdeckel, fertig braten, bis beide Seiten gebräunt sind. Dazu Hering nach Hausfrauenart oder eine grobe Bratwurst oder auch nur ein Spiegelei und eine schöne Gewürzgurke …«

»Dass ich mal einen Mann erlebe, der so begeistert vom Kochen spricht, und zwar vom normalen Kochen, nicht irgendwelche Molekularscheiße, die man nie selber nachkochen kann, mein Freund ist dafür so gar nicht zu haben. Er sagt immer: ›Ich kann mir ein Brot machen, das hat mich durchs Studium gebracht.‹ Und wenn wir essen gehen, gibt's Pizza, Nudeln oder Burger.«

»Und was macht dein Freund, wenn er keine Brote macht?«

»Boote.«

»Häh?«

»Kein Gag, er ist Bootsbauer und träumt, wie wohl alle in der Branche davon, mal sein eigenes Boot zu bauen, auf dem er dann mit seiner Familie rumschippert, dabei werde ich seekrank, ich kotze schon auf der Kirmes beim Wikingerschiff.«

»Apropos: Wohin darf ich dich zum Essen führen?«

Sie sah mich einen Moment lang prüfend an, ich rechnete schon mit einem: »Das geht mir aber jetzt ein bisschen schnell!« Aber nichts da.

»Überrasch mich!«

O. k. Wahrscheinlich sage ich euch nichts Neues, aber vor einem möglichen GV, und den hatte ich ja im Hinterkopf, empfiehlt sich eine leichte Mahlzeit. Eisbein mit Sauerkraut oder Gulasch mit Semmelknödeln und Rotkohl beanspruchen zum Verdauen fast alles Blut im Körper, das fehlt dann an allen Ecken und Enden, im Gehirn zum Beispiel, sodass man anfängt, Scheiße zu labern.

Also steuerten wir meinen Lieblingsvietnamesen an, der aber pansiatisch kocht, also von Sushi über Thai-Currys bis hin zu Sommerrollen. Wir entschieden uns für sechs Kleinigkeiten, sodass jeder von jedem naschen konnte. Vietnamesischer Salat ohne Öl, das Dressing besteht nur aus Limonensaft, Chili, Salz, Zucker und Fischsauce, ganz wichtig sind noch Erdnüsse und Koriandergrün, Wakamesalat, Algen mit etwas Gurke, Sesamöl, Sojasauce, Sesamsaat, Gyoza, gebratene Teigtaschen mit Schweinehack, Gemüse und Knoblauch, eine Portion spicy Tuna, Thunfischmakis, also Röllchen mit scharfem, gehacktem Thunfisch, dann noch eine Portion Thunfisch-Sashimi und die berühmten Sommerrollen. Außerdem gab es einen sehr ordentlichen Chardonnay.

Und dann erlebten wir die Nacht der Nächte. Ich habe eine Toilette und einen Putzeimer. Das ist ausreichend für eine Person mit einem aggressiven Magen-Darm-Virus oder einer Fischvergiftung oder was immer dich aus allen Rohren schießen lässt. Wir haben uns kameradschaftlich beides geteilt, jeder hielt dem anderen den Kopf, wir durchschritten gemeinsam ein olfaktorisches Todestal, wie es sonst nur Menschen kennen, die in der Nähe von Klärgruben arbeiten. Beim Frühstück aus Zwieback und Tee nach etwa einer halben Stunde Schlaf stellten wir fest, dass wir uns nach einer Nacht vertrauter waren als andere Paare nach zwei Jahren, und fragten uns, was denn jetzt mit unseren Partnern werden sollte.

Sie sagte: »Ich will ehrlich sein, ich habe gar keinen Freund. Immer wenn mir nach Gesellschaft ist, stell ich mich auf einen Bahnsteig und …«

»… sammelst die Übriggebliebenen auf. Gute Masche, mach ich genauso.«

In einem so seltenen Fall wie diesem ist die Wahrheit manchmal die unglaubwürdigste Version von allen. Schließlich glaubten wir uns beide und beschlossen zwei Dinge: »Erst mal den Virus auskurieren und dann getrennte Wege gehen.« Denn das Misstrauen wäre ein steter Begleiter. Ab und zu sehen wir uns im Bahnhof, wenn wir beide auf der Jagd sind. Ich bin dann auch ein bisschen eifersüchtig. Einmal, als sie sich gerade einen Typen geangelt hatte, bin ich sogar hingerannt und habe gesagt: »Schatz, entschuldige, ich war ganz vorne im Zug, das hat alles nicht geklappt mit der Reservierung, komm, wir gehen ganz schnell essen, ich habe einen Bärenhunger!« Da war sie auch erst sauer, aber nicht lange. Glaube ich zumindest.

Die Welt ist eine Bühne

Ich saß am Rheinufer und sah den Enten dabei zu, wie sie mir zusahen. Eine junge Frau setzte sich neben mich und erzählte mir, sie wolle heiraten, ob ich mir ihren zukünftigen Mann mal ansehen wolle. Ihre Stimme kam mir seltsam bekannt vor.

Kennen Sie das? Auf einem Flughafen kommt jemand geradewegs auf Sie zu. Sie meinen die Person zu kennen, können sich aber nicht erinnern, woher. Und diese Person sagt mit einer Stimme, die Sie auch kennen: »Musst du auch noch mal aufs Klo, bevor wir in den Flieger gehen?«

Ich schüttelte diese Gedanken ab und sagte zu der jungen Frau neben mir: »Was habe ich mit Ihrer Hochzeit zu tun, heiraten Sie doch, wen Sie wollen!«

Und sie sagte: »Papa, hör mit dem Scheiß auf, ich stelle dir jetzt Gökan vor.«

Da wusste ich's wieder. Sie war meine Tochter und Gökan ist ihr Freund. Gökan ist kein irischer Name.

Ich sagte: »Gökan O'Hara klingt aber komisch.«

Sie meinte: »Wieso O'Hara?«

»Weil wir so heißen, und ich möchte, dass dieser wunderbare irische Name weiterlebt.«

»Nein, Papa, wir heißen nicht O'Hara, wir heißen Tüllmann, O'Hara heißt die Heldin aus *Vom Winde verweht*, das Buch, das du immer liest.«

»Richtig, was die Hera Lind geschrieben hat, die sich nicht wäscht, oder war das Charlotte Roche?«

»Gökan, komm mal her«, rief meine Tochter mit ihrem dröhnenden Bass. Wegen dieser tiefen Stimme ist sie auch aus dem Kirchenchor geflogen, sie hätte bei den Männern stehen müssen, und das sah einfach nicht gut aus, weil sie auch recht groß ist. Gökan war etwa einen Meter sechzig hoch und ebenso breit, hatte halblanges hellblondes Haar und eine Fistelstimme.

Ich sagte: »Gökan, es wird Zeit, dass ich etwas über dich erfahre. Was arbeitest du?«

Gökan sah mich erstaunt an und sagte mit dieser furchtbaren hohen Stimme: »Ich arbeite seit vier Jahren in Ihrem Betrieb.«

»Und was machst du da?«

»Ich bin der Außendienstmitarbeiter in Ihrer Privatdetektei.«

Das ist ja nicht das Schlechteste für einen Privatdetektiv, so unauffällig zu wirken, dass er vier Jahre lang nicht mal seinem Arbeitgeber auffällt. Und das auf Krücken, weil ihm ein Bein fehlt. Respekt.

»Bist du eigentlich einbeinig geboren?«

»Nein, das Bein habe ich im Dienst verloren. Ich bin über einen Zaun geklettert, um durchs Schlafzimmerfenster kompromittierende Fotos von der Frau eines Klienten zu schießen, und da haben mich die beiden Dobermänner angefallen.«

O ja, ich erinnere mich wieder, und das Schlimmste war, dass du kein einziges Foto gemacht hast, sodass wir der Frau letztendlich nichts nachweisen konnten und den Auftrag verloren. Sehr ärgerlich. Also je länger ich darüber nachdenke: Eigentlich habe ich mir für meine bildschöne und hochbegabte Tochter was anderes als Ehemann vorgestellt als einen einbeinigen Loser.

»Hör zu, wir machen einen Deal: Gökan, du behältst deinen Job, und ich behalte meine Tochter, wie findest du das?«

Gökan brach in Tränen aus.

»Du bist ein solches Arschloch, Papa«, schrie meine Tochter, »das ist der achte Freund, den du mir vergraulst, ist dir eigentlich klar, dass meine biologische Uhr tickt?«

»Entschuldige bitte, Eireen …«

»Ich heiße Shakira, Herrgott noch mal, du vertrottelst ja in Rekordgeschwindigkeit, erstaunlich, dass du abends noch nach Hause findest …«

»Ah, gut dass du es ansprichst, ich habe mein Handy mit unserer Adresse verlegt, könntest du sie mir sagen, bitte?«

»Arschlochweg achtundzwanzig, kannst du dir das merken?«

»Danke«, rief der Regisseur. »Da war schon viel Schönes bei. Als Nächstes lesen wir die Szene, wo der alte Mann begreift, dass er im Heim wohnt und die Schwestern und Pfleger ihm jeden Tag eine andere Familie vorspielen.«

»Bodo, entschuldige bitte, aber da habe ich ein echtes Verständnisproblem: Wieso soll er das merken, wenn er dement ist?«

»Das ist doch gerade der Witz, Herrmann, er ist nicht dement! Er spielt das nur, weil er von seiner übermächtigen Frau und der Tochter, die noch zu Hause wohnt, wegwollte, jetzt wird ihm das aber zu anstrengend, und er will wieder aus dem Heim raus, zumal er auch im Lotto gewonnen hat, seine Frau ihn aber hat entmündigen lassen, sodass er nicht an das Geld kommt.«

»Das steht aber nicht im Buch!«

»Natürlich nicht, weil es mir gerade eingefallen ist! Das nennt man Work in Progress! Das Buch soll sich beim Spielen entwickeln, führt praktisch ein Eigenleben, findet ihr das nicht total spannend?«

»Ja, wenn das so ist: Muss Gökan wirklich einbeinig sein? Das Bein stirbt mir regelmäßig nach zehn Minuten ab, wenn das so hochgeschnallt ist.«

»Kinners, jetzt kommt aber mal! Ihr könnt doch nicht alle guten Gags aus dem Buch streichen, nur weil es vielleicht ein bisschen unbequem ist, das glaubwürdig auf die Bühne zu bringen.«

»Jetzt mach aber mal halblang, das ist hier die Amateurtheatergruppe der Justizvollzugsanstalt Wermelskirchen und nicht die Schaubühne in Berlin. Lass uns was Lustiges oder wenigstens Brutales spielen und nicht so eine gequirlte Kacke, die du dir bei jeder Probe neu aus den Fingern saugst. Du bist nicht Brecht oder Heiner Müller, du bist ein stinknormaler Gewaltverbrecher, also bleib auf dem Teppich!«

Das hätte Gökan, der wirklich so hieß, nicht sagen sollen. Bodo, der Regisseur, rastete total aus und bekam noch mal acht Jahre wegen Totschlags obendrauf. Er begann sofort mit der Arbeit an einem neuen Stück. Es handelt von einem jähzornigen Regisseur im Knast, der bei jeder Probe einen anderen Schauspieler erschlägt, bis nur noch einer übrig ist. Bei dem Versuch, ihn auch zu töten, erliegt er einem Herzschlag. Bei der Premiere ärgerte sich Bodo über irgendeine Kleinigkeit so, dass er den letzten Schauspieler wirklich umbringen wollte. Allerdings war der stärker.

Ein galaktischer Knall

K: Guten Tag, Herr Doktor.

P: Legen Sie sich auf die Couch, bitte.

K: Das geht nicht, ich habe eine Liegephobie.

P: Dann setzen Sie sich auf diesen Sessel.

K: Ich habe auch eine Sitzphobie.

P: Haben Sie auch eine Stehphobie?

K: Genau. Woher wissen Sie das? Wow! Sie sind tatsächlich so gut, wie mein Hausarzt gesagt hat.

P: Aber irgendeine Ausruhposition müssen Sie doch haben!

K: Jede Menge, ich habe ein Bällebad, wie bei Ikea, einen Meerwassertank, einen Whirlpool, ich hänge auch sehr gerne kopfunter …

P: Da bin ich ja beruhigt, und was führt Sie nun zu mir?

K: Ich komme aus einer anderen Galaxie, deren Bewohner den hiesigen weit überlegen sind. Ich kann das sagen, weil wir seit langer Zeit Erdlinge entführen, Experimente im Dienste der Forschung an ihnen vornehmen, um möglichst viel über sie zu erfahren.

P: Darf ich fragen, warum Sie einen BH tragen?

K: Komische Frage, weil ich eine Frau bin.

P: Was macht Sie da so sicher, Herr Schubert?

K: Nun ja, als ich mit der U-Bahn zu Ihnen gefahren bin, hat mir ein Mann seinen Platz angeboten.

P: Ist er unmittelbar danach ausgestiegen?

K: Ja, das stimmt.

P: Betrachten Sie das jetzt nicht als Angriff oder auch nur Wertung Ihrer Aussage, aber Aachen hat keine U-Bahn.

K: Aachen?

P: Aachen.

K: Wie kommen Sie auf Aachen?

P: Nun, ich bin hier geboren, aufgewachsen, habe hier studiert, meine Praxis liegt hier …

K: Ihre HNO-Praxis ist nicht in Wuppertal?

P: Nein, und es ist keine HNO, sondern eine psychologische Praxis. Lassen Sie mich eine Vermutung äußern: Kann es sein, dass Sie Dinge, Fakten, Sachverhalte durcheinanderbringen?

K: Nein, nicht dass ich wüsste, obwohl, meine Frau sagt das auch schon mal …

P: Ihre Frau? Sagten Sie nicht, Sie sind selber eine Frau, Herr Schubert?

K: Ja, wir sind ein lesbisches Paar, haben Sie davon noch nie gehört?

P: Doch, doch, von welcher Galaxie stammen Sie noch mal?

K: Wuppertal.

P: Und Sie sind den Bewohnern anderer Galaxien weit überlegen, entführen Erdlinge und nehmen im Dienste der Wissenschaft Experimente an ihnen vor?

K: Nein, hören Sie mir denn gar nicht zu? Ich werde von Außerirdischen entführt, die Experimente an mir vornehmen, unter anderem auch an heiklen Stellen, wollen Sie mal sehen?

Er schickt sich an, seine Hose zu öffnen.

P: Nein, lassen Sie mal stecken, unsere Zeit ist um.

Experten

Wir sind ja nur noch von Experten umgeben. Diese Experten versprechen uns, dass sie uns entweder selber zu Experten auf jedem erdenklichen Gebiet machen oder uns mit nützlichen Informationen versorgen, die uns helfen, den Überlebenskampf leichter zu bestehen. So hören wir täglich auf jedem Sender Wetterberichte. Schon das Wort ist verräterisch. Ein Bericht berichtet uns, wie das Wetter gerade ist oder in der jüngsten Vergangenheit war. Brauche ich das? Nein, denn ich weiß es selber, wenn ich aus dem Fenster gucke.

Nützlicher wäre die Wettervorhersage, wie sie ja auch oft genannt wird. Die Wettervorhersage hilft mir, die richtige Kleidung zu wählen, wenn ich das Haus verlasse, Accessoires wie den Schirm mitzunehmen oder auch nicht, eine Gartenparty anzuberaumen oder eine entsprechende Einladung anzunehmen. Nach vielen Jahren, in denen ich diese Vorhersagen aufmerksam verfolgt habe, stellt sich mir die Frage: Warum wird das nicht verboten? Warum sperrt man nicht alle Beteiligten ein? Diese Leute sagen selber: Alle Voraussagen, die über drei Tage hinausgehen, sind unseriös. Das soll von der Tatsache ablenken, dass die Voraussagen, die sich auf die nächsten drei Tage beziehen, es ebenfalls sind. Gelegentliche Übereinstimmungen mit dem tatsächlich eintretenden Wetter sind unvermeidlich, denn es gibt ja nun mal eine Fifty-fifty-Chance, dass die Sonne scheint oder nicht. Perfekt sind diese Blender im Formulieren von Aussagen, die alles Mögliche bedeuten können. Nach Sonnenuntergang kommt es landesweit zu einer Verdunkelung, die bis in die frühen Morgenstunden anhält, gleichzeitig kühlt es sich ab. In der Mathematik sage ich doch auch nicht, zwei und zwei ist wahrscheinlich vier, kann je nachdem aber auch vormittags zu drei tendieren, um abends in fünf überzugehen, vor allem in den höheren Berglagen. Und diese Tatsache ist altbekannt, wie der gute alte Witz beweist: Anruf beim Wetteramt. »Wollte nur sagen, habe gerade zwei Meter Ihrer leichten Bewölkung aus meinem Keller gepumpt.«

Dass es den Berufsstand noch gibt, ist einzig der Tatsache geschuldet, dass gutes Wetter für jeden etwas anderes bedeutet. Regen nannte man in den 1950er-Jahren Fritz-Walther-Wetter, weil unser damaliger Kapitän dann am besten spielte, wie auch Schumi bei Regen allen anderen davonfuhr. Für die Zeit des eigenen Urlaubs wünscht man sich Sonne, was danach oder davor passiert, geht mir am Arsch vorbei, es sei denn, ich bin Landwirt oder Weinbauer. Als Segler oder Surfer will ich Wind, als Toupetträger nicht.

Was fast alle wollen, ist Geld. Und da gibt es die Anlageberater, die jahrelang Sachverstand anhäufen und mir dann genau sagen können, welche Aktien ich wann kaufen oder verkaufen muss. Man hat Experimente gemacht mit Affen und Brokern, die Affen haben auf irgendwelche Aktien getippt, die wurden dann gekauft oder verkauft, die Broker haben mit ihrem Sachverstand ausgewählt. Was ist passiert? Die Affen haben gewonnen, immer. Was haben die Broker gemacht? Ihre Ernährung umgestellt. Auf Bananen.

Unter Geigern, Achtung, nicht zu verwechseln mit *Unter Geiern* von Karl May, also unter Geigern gilt die Stradivari als Nonplusultra. Da werden dann für die angeblich hundertvierundvierzig Exemplare, die es noch gibt, gerne mal etliche Millionen fällig. Warum eigentlich? Man hat in Amerika einen Blindversuch gemacht: Einundzwanzig erfahrene Geiger sollten mit verbundenen Augen Geigen testen. Drei Geigen waren wenige Tage alt, drei alt, dann gab es zwei Stradivaris und eine Guarneri. Ergebnis: Sie konnten die alten nicht von den neuen unterscheiden, und eine Stradivari wurde gar als schlechteste von allen beurteilt. Und mit

Wein ist es genauso. Füllen Sie einen Roten von der Tanke in eine leere Flasche Chateau Petrus, die Sie noch bei sich rumstehen haben, und hören Sie sich an, was ein Weinkenner bei der Verkostung daherredet.

Thema Gesundheit: Wann immer man eine Zeitschrift aufschlägt oder im Fernsehen rumzappt, gibt es gute Ratschläge. Und sie haben eines gemeinsam: Sie raten mir ab von dem, was ich gerne tue. Man soll beim Essen nicht lesen oder fernsehen. Der Körper hat dann nicht das Gefühl, eine vollwertige Mahlzeit zu sich genommen zu haben. Wo ist das Problem? Dann bekommt er eben Nachschlag. Viel häufiger hat mein Gehirn nicht den Eindruck, eine vollwertige Sendung gesehen zu haben. Jetzt mal ernsthaft: Was ist schöner, als sonntags gegen dreizehn Uhr mit anzusehen, wie Andrea Kievel und tausend Zuschauer nass werden, und dabei frisch aufgebackene Brötchen mit Rührei und Speck zu essen? Und ein Glas Cabernet Merlot aus Südaustralien zu trinken?

Das Printmedium ist übrigens das Medium der Schönen und Klugen. Es gibt Tipps wie: Wie werde ich schlank, wie sehe ich besser aus. Zwei Drittel der deutschen Männer, so heißt es, sind zu dick. Zwei Drittel sind eine satte Mehrheit, also sind wir die Norm. Wenn Außerirdische uns besuchen kämen, würden die nicht sagen: Zwei Drittel sind zu dick, sondern: Die Männer sehen toll aus, ein Drittel ist ein bisschen dünn. Und der Killer ist diese Meldung: Nirgendwo gibt es mehr Hundertjährige als im Dorf Vilcabamba in Ecuador. Die medizinische Versorgung ist rudimentär, aber die Leute rauchen getrocknete Blätter vom Stechapfel, Wirkung ähnlich wie beim Koksen, trinken viel Alkohol, essen, wann und was sie wollen, und sind bis zuletzt sexuell aktiv. Also wer in Freuden alt werden will: keinen Wetterbericht hören, nicht an der Börse zocken, keine teuren Geigen und Weine kaufen und alles anders machen, als es die Ärzte empfehlen.

Fremdkörper ziehen sich an

Er: Wer ist denn der Typ da auf dem Foto auf deinem Nachttisch, dein Exmacker?

Sie: Nein, das bin ich vor der Operation, ich bin ein Pin-up-Girl.

Er: Häh?

Sie: Pin ab, Tits on.

Er: Und wie lange ist das her?

Sie: Die letzte OP war vor einem Jahr.

Er: Hast du denn die Frauenrolle schon verinnerlicht?

Sie: Ich arbeite dran, hol mir mal ein Bier, bitte!

Er: Aber gerne, kein Problem.

Sie: Das find ich gut, da bist du aber der Erste.

Er: Neue Männer braucht das Land, hat Ina Deter schon vor dreißig Jahren gesungen.

Er kommt mit zwei Bier zurück und sagt: Das glaub ich jetzt nicht. Ist das Ding in dem Einmachglas im Kühlschrank das, was ich denke?

Sie: Ja, wir Frauen sind eben sentimental und hängen an unseren Erinnerungen.

Er: Das wär mir aber zu riskant, stell dir vor, du kommst besoffen nach Hause und hast noch Schmacht auf ein Würstchen, o ich darf gar nicht dran denken!

Sie: Dann tu's einfach nicht. Aber um auf die Frage von eben zu antworten: Häufig ertappe ich mich dabei, wie ich einem älteren Herrn mit Hut anbieten will, seinen Wagen für ihn einzuparken.

Er: Verstehe. Und was ist mit so Reflexen wie: sich im Schritt kratzen?

Sie: Kommt auch vor, da muss ich mir dann klarmachen, dass

das bei Männern ein sicherer Unterschichtsindikator ist, bei Frauen aber auf eine Pilzinfektion hindeutet.

Er: Und wie ist das mit den Gefühlen, ich meine, technisch mag das ja alles tipptopp nachgebaut sein, aber sind da auch Nerven und so?

Sie: Muss gar nicht, das findet hauptsächlich im Kopf statt.

Er: Ist es dann nicht einfacher, du bläst mir einen, dann wären wir näher an deinen Gefühlen.

Sie: Deine Entscheidung. Aber ich sollte vielleicht dazusagen, dass ich als Kind eine unangenehme Erfahrung mit einem älteren Herrn gemacht habe, seitdem habe ich einen Beißreflex.

Er: Oh.

Sie: Ja, das hat der Typ damals auch gesagt, nur lauter.

Er: Gut, dann sollten wir das neue Auto doch lieber in die neue Garage fahren.

Sie: Wie, neues Auto?

Er: Na ja, ich hieß bis vor einem Jahr Evelyn.

Schweigen von 0.30 bis 0.36 Uhr.

0.36 bis 0.40 Uhr. Fremdkörper ziehen sich an.

Creative Writing

»Sie hatten die Aufgabe«, sagte die Kursleiterin für Kreatives Schreiben, die entfernt an die Böse aus dem zweiten Bondfilm *Liebesgrüße aus Moskau* erinnerte, »die schlimmsten Zeitungsmeldungen dieser Woche zu sammeln und auf der Basis dieses dramatischen Materials eine Kurzgeschichte zu schreiben. Das hat zum Teil sehr interessante Ergebnisse gezeitigt, ich darf Ihnen jetzt die Siegergeschichte der Woche vorlesen.«

Die elf Kursteilnehmer lächelten vorfreudig, hoffte doch jeder, gleich seine Geschichte zu hören.

»Der Stier rammte dem Jungen sein rechtes Horn unterhalb des linken Ohrs in den Kopf, so heftig, dass es aus der Augenhöhle wieder austrat. Der Dreizehnjährige dachte noch ›Da werde ich aber mit meinem Aufsatz über das schlimmste Ferienerlebnis ganz weit vorn liegen‹, dann verlor er das Bewusstsein und der Stier das Interesse an ihm. So ist sie halt, die Generation der Zehn- bis Vierzehnjährigen, die laut einer Umfrage eines Jugendmagazins sich mehrheitlich Dieter Bohlen zum Vater wünscht: Hauptsache öffentliches Interesse erregen, ohne Rücksicht auf Verluste. Bisschen Schwund ist immer. Als er nach zwei Monaten und zwölf Operationen aus dem Krankenhaus kam, schloss der Kiefer nicht mehr richtig, beim Essen, Trinken und Reden musste er mit der Hand nachhelfen, Zunge und linke Gesichtshälfte waren gefühllos, aber ein Dreizehnjähriger mit schiefem Gesicht und schwarzer Augenklappe ist natürlich ein Hingucker in der Klasse. Zu besonderen Anlässen legte er sich auf die Seite und ließ auf seiner tauben Gesichtshälfte einen Schweizer Kracher explodieren. Schlimmer konnte der Tinnitus sowieso nicht werden, aber Leon hatte ein Alleinstellungsmerkmal. Das Ganze war nur passiert, weil er beim Wandertag mit seinem roten Anorak für die Mädels Torero spielen wollte. Vorher hatte der Klassenstreber noch gesagt: ›Du weißt schon, dass Stiere farbenblind sind? Nur Kühe können Farben unterscheiden. Die Stiere reagieren nur auf die Bewegungen der Muleta!‹ ›Quatsch‹, hatte Leon gerufen, ›die werden sauer, weil man sie mit Kühen verwechselt.‹ Dann hatte er den Stier mit Steinwürfen gereizt und war über den Zaun geklettert. Nachdem er dem riesigen Tier ein paar Sekunden mit dem Anorak vor der Nase herumgewedelt hatte, kam der Lehrer angerannt, war wohl im Wald kacken gewesen, und schrie: ›Leon, komm sofort hinter den Zaun zurück!‹ Eigentlich war der Junge froh, dass er das Abenteuer ohne Gesichtsverlust abbrechen konnte, und begann rückwärts zu laufen, der Stier sprang auf ihn zu, und dann rutschte Leon auf einem Kuhfladen aus. Der Lehrer erlitt einen Herzinfarkt, dem er noch auf dem Weg ins Krankenhaus erlag. Bei der Einäscherung kam es noch zu einer lustigen Komplikation. Der Verblichene wog an die hundertfünfzig Kilo, und adipöse Körper brennen wegen ihres hohen Fettgehalts oft so heiß, dass sie die Anlagen überlasten. Der Schlot begann zu glühen, Rohrteile schmolzen, die Feuerwehr musste gerufen werden und ging mit Löschpulver gegen den Kaminbrand vor. Das war dann der zweite Lacher, für den der dicke Pauker jemals gesorgt hatte, der erste war seine Hochzeitsnacht.

Es war wohl Ironie des Schicksals, dass seine Witwe, natürlich auch Lehrerin, seine Klasse übernahm und nicht ein Einziger die Versetzung schaffte.«

Toll, wirklich toll, schmunzelte die Kursleiterin. Die elf Kursteilnehmer blickten unsicher um sich.

»Von wem ist die Geschichte denn?«, fragte eine Hausfrau.

»Von mir natürlich«, sagte die Kursleiterin, »ihr Lutscher müsst noch ein bisschen auf die Weide, bevor ihr so was schafft!«

Frühstück im Bett: Kenia

Er: Dass ich das noch erlebe, hier, hör mal, das schreibt eine Frau: Ich fühle mich seit Jahren notorisch unterbelästigt. Notorisch ist natürlich falsch, notorisch bedeutet: bekannt, aktenkundig, was sie meint, ist chronisch unterbelästigt. Aber egal. Mein Eindruck, schreibt sie weiter, der deutsche Mann zwischen fünfundzwanzig und sechsundfünfzig ist im Alltag geradezu blind fürs andere Geschlecht. Und weiter: Ein Flirt ist weder die Vorstufe zur Ehe noch zum Seitensprung. Flirten macht den Alltag erträglicher, den ganzen grauen Trott. Was ich immer sage!

Sie: Marylin Monroe hat das offensichtlich auch gedacht, denn sie hat gesagt: »Wer morgens betet, hat den ganzen Rest des Tages Zeit für Spaß und Sauereien.«

Er: Ich bin klein, mein Herz ist rein, soll niemand drin wohnen, als Jesus allein. Das waren jetzt fünf Sekunden. Und den ganzen Rest des Tages nur Spaß und Sauereien? Das wäre mir doch viel!

Sie: Du bist halt nicht mehr der Jüngste, vielleicht steht auch schon die Altershomosexualität vor der Tür.

Er: Du wirst es schon noch rechtzeitig merken. Wenn ich beim Fernsehen zu dir sage, der Ashton Kutcher ist echt ein süßer Bengel, schade eigentlich, dass du keinen jüngeren Bruder hast, dann kannst du dir langsam Gedanken machen.

Sie: Boh, hier hör mal, der Weltmeister in der Kategorie Namenmerken kann sich in fünfzehn Minuten hundertsechs Namen in der richtigen Reihenfolge merken.

Er: Und wozu braucht man das in freier Wildbahn? Es reicht doch, wenn man den Namen von seinem One-Night-Stand morgens noch weiß. Komm, das spielen wir mal. Ich habe dich in einer Kneipe abgeschleppt und wir werden zusammen am anderen Morgen wach.

Sie: Wieso hast du mich abgeschleppt? Ich habe dich aufgegabelt. Ich bin nämlich deine bedürftige Flirt-Vermisserin, die sich sagt: Selbst ist die Frau.

Er: Von mir aus.

Er beginnt zu schnarchen.

Sie: Hey, hör auf zu schnarchen, es ist zehn Uhr. Wieso hast du dich eigentlich nicht morgens um acht leise angezogen, frische Brötchen geholt, Kaffee gekocht, einen Zettel geschrieben mit: Es war einmalig, ich glaub, ich bin schon süchtig nach dir, aber jetzt muss ich Geld verdienen gehen, Königinnen kosten doch sicher?

Er: Moment, immer der Reihe nach: Wo bin ich, wie war ich und wer bist du?

Sie: Möchtest du ein E kaufen?

Er: Nicht nötig, ich rassel jetzt die hundertsechs Mädchennamen runter, die ich in den letzten Monaten auswendig gelernt habe, und wenn deiner kommt, sagst du einfach Stopp!

Sie: Du bist wirklich der letzte große Romantiker, lass uns weiterlesen und frühstücken.

Er: Au ja, gib mir mal die Fleischwurst rüber, bitte!

Sie: Wann machst du dir endlich klar, dass du mit jeder Scheibe Fleischwurst die Todesangst des Tieres mitisst?

Er: Das ist eine angstfreie Fleischwurst, keine Sorge, und ich habe dir schon mehrfach gesagt, dass der Anbau vegetarischen Essens bis zu fünfundzwanzigmal mehr Lebewesen tötet als nachhaltige Tierzucht. Lebensräume bestimmter Tiere werden zerstört, Insekten und Kleinsäuger verenden an Pestiziden, Rehe und Kaninchen werden von Mähdreschern zerhäckselt, eigentlich müssten dir beim Mampfen deines Salatblattes die Ohren klingeln von Bambis Todesschrei.

Sie: Ach, halt doch einfach … oh, das wird dir gefallen, du wolltest doch immer schon nach Kenia?

Er: Ja, einmal Aug in Aug mit einem Nilpferd, das jährlich wesentlich mehr Menschen tötet als Löwen und Krokodile.

Sie: In Kenia dürfen Männer künftig so viele Frauen heiraten, wie sie wollen. Gegen den heftigen Protest der weiblichen Abgeordneten verabschiedete das Parlament in Nairobi ein entsprechendes Gesetz.

Er: Die werden auch noch schnallen, dass man irgendwann fünf Frauen, die man ganz legal um sich hat, genauso sattkriegt wie eine … Schatz, was ist denn los?

Man hört das Geräusch einer mit großem Kraftaufwand zugeschlagenen Tür.

Frühstück im Bett: Wespe unterm Kleid

Sie: Hör mal, hier: In England machen Paare Sexverträge, und Psychologen sagen, das hilft!

Er: Hilft wobei?

Sie: Bei der Beziehung! Es kann wieder neuen Schwung reinbringen, wenn man einen Abend zum Pärchenabend macht, an dem eine Sexfantasie ausprobiert wird.

Er: Was schwebt dir denn da so vor?

Sie: Weiß nicht, müsste ich mal überlegen.

Er: Aber wir haben doch tollen Sex, also ich.

Sie: Bitte?

Er: Ich find ihn toll, du nicht?

Sie: Ja schon, aber mal ein bisschen was anderes wäre auch schön.

Er: Du fantasierst doch nicht etwa von anderen Kerlen?

Sie: Nein, wie kommst du denn darauf, guck mal hier, George Clooney hat beim Heiratsantrag achtundzwanzig Minuten vor seiner Frau auf den Knien gelegen.

Er: Hat er 'ne Stoppuhr dabeigehabt? Und warum so lang, wollte sie nicht? Vielleicht hat er aber auch einfach nur Arthrose und kam nicht wieder hoch!

Sie: Du bist so was von unromantisch, aber das wäre doch ein schönes Spiel: Du kniest dich vor mich hin und erzählst mir, was du alles toll an mir findest.

Er: Warum soll ich mich denn dabei hinknien?

Sie: Damit ich mich fühlen kann wie George Clooneys Frau, das ist meine erste Sexfantasie, raffst du denn gar nichts?

Er: Warum willst du dich denn fühlen wie George Clooneys Frau? Können wir nicht einfach schön poppen, und du fühlst dich wie meine Frau?

Sie: Es ist hoffnungslos mit dir, jetzt denk doch mal mit! Es läuft natürlich irgendwann immer aufs Gleiche raus, aber den Weg dahin kann man doch mal anders gestalten.

Er: O. k. Hier, wie findest du das? Weil eine Wespe unter ihr Kleid geflogen war, brach eine Autofahrerin in Mainz in Panik aus und lenkte ihr Auto in einen Graben. Das Fahrzeug überschlug sich daraufhin mehrmals, gut, das lassen wir weg, aber du kannst doch so tun, als hättest du eine Wespe unterm Kleid, und ich komme dir zu Hilfe, suche sie, finde sie, töte sie, und zur Belohnung …

Sie: Ich trage keine Kleider …

Er: Ja, das ist auch so 'n Punkt. Ich finde Kleider toll, und du könntest ruhig mal eins anziehen und dann spielen wir das mit der Wespe.

Sie: Gut, dann gehen wir jetzt ein Kleid kaufen!

Er: Wieso das denn, du hast doch noch genug!

Sie: Eben nicht, die habe ich verschenkt, einige passten nicht mehr, und die anderen waren völlig aus der Mode.

Er: Dann ziehst du eben eine Schürze an oder einen Bademantel.

Sie: Wusstest du, dass Geiz ein echter Beziehungskiller sein kann?

Er: Jetzt mach mal halblang. Du hast zugelegt, und deine Kleider passen dir nicht mehr. Jetzt soll ich dir eins kaufen, obwohl du nach eigener Aussage keine trägst, für meine Sexfantasie brauchen wir kein neues Kleid, also ist es rausgeschmissenes Geld, aber was hältst du von einer Diät. Hier steht was von einer tollen neuen Diät aus Amerika. Du darfst alles essen, was du willst!

Sie: Und wo ist der Haken?

Er: Du musst es vor einem Spiegel essen, nackt. Hör mal, das finde ich ja noch viel toller als das mit der Wespe, wir lassen uns 'ne Pizza kommen und machen das!

Sie: Kann es sein, dass du diese Diätidee nicht kapierst?

Er: Wie jetzt?

Sie: Du siehst dich nackt und sollst denken: Ihh, bin ich fett, diese Pizza ess ich jetzt nicht.

Er: Verstehe, und weiter denkt er, wenn sie mich genauso fett findet, wie ich mich finde, wird sie keinen Bock auf mich haben. Und was bleibt dann noch? Die Pizza. Komm, wir gehen zum Italiener.

Frühstück im Bett: Dort, wo die hübschen Fichten nicken

Er: Hör mal hier, das gibt's doch gar nicht, da haben sich Ärzte in den USA offenbar während einer Darmspiegelung über den Patienten lustig gemacht. Rausgekommen ist es, weil die Aufnahme-App seines Smartphones versehentlich eingeschaltet war.

Sie: Wenn einer sein Handy mit zur Darmspiegelung nimmt, würde ich mich auch über ihn lustig machen. Was haben die Ärzte denn so gesagt?

Er: Sie haben über mögliche Geschlechtskrankheiten gemutmaßt, und die Schlimmste war die Anästhesistin, die sagte, sie wolle ihn schon beim Vorgespräch aufmischen und sie werde ihm Hämorrhoiden attestieren, auch wenn sie keine finden, und das hat sie angeblich auch gemacht.

Sie: Das ist aber sehr komisch, seit wann schreibt die Anästhesistin OP-Berichte? Und hat der Mann geklagt?

Er: Selbstverständlich. Und recht bekommen, eine halbe Million Dollar Schadensersatz.

Sie: Tja, dumm gelaufen, ich glaube, jedes Mal wenn Ärzte zusammensitzen, ziehen sie über ihre Patienten her, nur dass dann kein Handy aufnimmt.

Er: Aber es wäre doch eine tolle Sache, wenn so 'n Arzt sein Handy mitlaufen lässt und anschließend zu dem Patienten geht, von dem die Rede war, und sagt: »Wissen Sie, was Ihr Hausarzt gesagt hat? Sie wären ein unheimliches Arschloch und fresssüchtig, und am liebsten würde er Ihnen ein Magenband verpassen oder gleich den halben Magen rausnehmen, und er hätte auch Lust, Ihnen zu sagen, die Darmpolypen wären bösartig, und Sie dann eine Woche zappeln zu lassen, bevor er Ihnen sagt, das pathologische Institut hätte sich vertan. Und außerdem hätten Sie eine Phimose und sicher noch nie gevögelt. Wollen wir ihn damit nicht erpressen und halbe-halbe machen?«

Sie: Ein Glück, dass du nicht Arzt geworden bist.

Er: Hätte passieren können, auf jeden Fall liebe ich Ärztewitze.

Ein Kardiologe wird beerdigt, der Sarg steht vor einem großen Pappherz, als alle Reden gehalten sind, öffnet sich das Herz zu wunderschöner Orgelmusik, und der Sarg verschwindet. Fängt einer an zu lachen. Sagt der Nachbar: »Was haben Sie denn?« »Ach, ich musste gerade an meine eigene Beerdigung denken, ich bin Gynäkologe.«

Sie: Ja, ganz toll. Ach nein, ist das süß! Ich habe hier einen Artikel über Poesiealben. Hier hör mal: »Wenn alle Sternlein dir verblassen, wenn Welt und Menschen spotten dein, auf zwei kannst du dich fest verlassen, auf Gott und auf dein Mütterlein.« Da muss ich ja weinen!

Er: Ich fänd als letzte Zeile witziger: »Finanzamt« und am Schluss »Freund Hein«.

Sie: Du bist so was von romantisch, das ist kaum auszuhalten.

Er: Gibt es das heute überhaupt noch, Poesiealben, ist doch total verschnarcht.

Sie: Doch, doch, hier schreibt eine Lehrerin in einem Forum, ein Junge hätte einem Mädel ins Album geschrieben: »Zick, zack, zackisch, mach disch nackisch!«

Er: Na, das ist doch mal witzig, da war die Lehrerin sicher begeistert. Ach, und das passt doch prima: »Vögelurlaub macht man auf Borkum.«

Sie: Bitte?

Er: Das ist eine Werbekampagne für die siebten Zugvogeltage auf Borkum. Gab natürlich ein Riesenhallo auf Facebook: Dort, wo die hübschen Fichten nicken, fahrn wir hin zum Vögelurlaub, oder Gibt's dann zu den Zugvögeltagen für jeden Besucher eine

Viagra dazu? Und selbst die Kritiker haben Humor: Damit vögelt sich Borkum selbst.

Sie: Dann wird dir das hier auch gefallen: »Nach mehr als sechsmal Sex kommt die Hälfte der Frauen zum Orgasmus.«

Er: Wie bitte, heißt das, ich muss zwölfmal hintereinander ran, damit du hundertprozentig kommst? Hör mal, ich bin keine sechzehn mehr!

Sie: Das ist ja auch gar nicht gemeint, beim ersten Mal mit einem neuen Partner haben nur zweiunddreißig Prozent der Frauen einen Höhepunkt, ab dem sechsten Mal sind es dann fünfzig Prozent. Aber Frau kann die Wahrscheinlichkeit um achtzehn Prozent steigern, wenn sie sich zusätzlich selbst stimuliert.

Er: Ganz toll, und der Mann kommt sich vor wie ein Neuling an der Kasse bei Bolle, wo ein Altgedienter ihm alles zeigt.

Sie: Du hast immer so tolle Vergleiche! Der Mann kann die Frau auch vorher oral befriedigen, auch achtzehn Prozent höhere Chancen.

Er: Zeig mal her, den Artikel: Ach, was haben wir denn da? Wieso hast du mir das nicht vorgelesen? Erstaunlicherweise wird die weibliche Erregung nicht nur durch die Stimulation ihres eigenen Intimbereichs gesteigert, sondern auch durch die seiner Geschlechtsteile! So, damit können wir doch mal gleich anfangen!

Sie: Ich hab Kopfschmerzen.

Gebrüder Grimm reloaded

In meinen Kursen für Kreatives Schreiben an der VHS mache ich gerne folgende Übung mit meinen Studenten. Ich sage: Nehmt ein bekanntes Märchen und erzählt es neu unter Beibehaltung des bekannten Personals, aber fügt eine neue Person hinzu oder tauscht eine gegen eine neue Figur aus. Ein hübsches Beispiel ist das Märchen von Schneewittchen, die Studentin hat einen Zuhälter als neue Figur gewählt.

Schneewittchen schlug, nachdem sie zwei Monate leblos bei den sieben Zwergen im Wohnzimmer gelegen hatte, die Augen auf und rief: »Wo bin ich?«

Und der Chefzwerg, der gerade allein das Haus hütete, sagte: »Bei den sieben Zwergen.«

Schneewittchen: »Ich seh aber nur einen!«

Chefzwerg: »Man findet doch keine Leute mehr heutzutage.«

Schneewittchen: »Wie lange habe ich geschlafen?«

Zwerg: »Zwei Monate.«

Schneewittchen: »Was habt ihr mit mir gemacht?«

Zwerg: »Dich gepflegt.«

Schneewittchen: »Gefegt?«

Zwerg: »Gepflegt, mit l.«

In diesem Moment klingelte es. Es war der Zuhälter. Der Chefzwerg öffnete die Tür und sagte: »Ja bitte?«

Zuhälter: »Ich hole Schneewittchen ab, die anderen Zwerge haben gesagt, es ist o. k., und bezahlt habe ich auch schon.«

Zwerg: »Was denn?«

Zuhälter: »Zehn Ziegen.«

Schneewittchen: »Wieso Ziegen?«

Zuhälter: »Die Islamisierung ist nicht aufzuhalten!«

Welch unerwarteter Schlenker in Richtung Michel Houellebecq und seinem Bestseller »Unterwerfung«.

Die Wahl der märchenfremden Figur fällt dann oft auf jemanden, der gerade in den Medien präsent ist, im nächsten Märchen, Hänsel und Gretel, war es ein Lokführer, weil die gerade streikten.

Eines Tages hatten sich Hänsel und Gretel im Wald verlaufen.

Gretel sagte: »Ich will jetzt nach Hause.«

Hänsel: »Warum?«

Gretel: »Ich muss dringend pullern.«

Hänsel fragte: »Warum setzt du dich nicht einfach hinter einen Busch?«

Und Gretel erwiderte: »Da hab ich Angst vor wilden Tieren.«

Sie kamen an ein Bahngleis, und just kam ein Lokomotivführer auf seiner Lokomotive, hielt an und sagte: »Na, ihr süßen Schnecken, was macht ihr denn hier?«

Gretel sagte: »Ich will nach Hause, denn ich muss dringend auf die Toilette.«

Der Lokomotivführer sagte: »Na, da nehm ich euch doch ein Stück mit.«

Die Kinder stiegen auf, und der Lokomotivführer fuhr sie geradewegs zum Hexenhaus, denn er hatte einen Deal mit der Hexe, dass er ihr immer Frischfleisch brachte, dafür bekam er so viel Süßkram, wie er wollte, und die Hexe war ihm auch gerne zu Willen, aber meistens zog er den Süßkram vor, denn die alte Hexe war, na ja, sie hielt, was der Name versprach.

Sie hielten am Hexenhaus, und die Hexe kam raus und sagte: »Da bringst du mir aber zwei nette Kinder, kommt doch rein!«

Sie stellte den Kindern einen riesengroßen Teller Naschwerk hin und sagte zum Lokführer: »Ich hätte mal wieder Lust, auf deinem Besen zu reiten, gehen wir nach nebenan?«

Der Lokführer dachte: »Scheiß drauf, dann ess ich den Lebkuchen eben hinterher als Belohnung.«

Die Kinder aßen, so viel sie konnten, Gretel ging noch schnell auf die Toilette, und dann fuhren sie auf der Lokomotive nach Hause, nicht ohne vorher das Hexenhaus in Brand gesteckt zu haben. So waren der Lokführer und die Hexe am Ende doch noch in Leidenschaft entbrannt …

Ich habe die Autorin sehr gelobt, mit einer kleinen Einschränkung: »Eigentlich muss es heißen ›in Leidenschaft füreinander entflammt‹, aber in der Kunst ist die Grammatik der Semantik nachgeordnet.«

Mein persönlicher Favorit ist allerdings die Hänsel-und-Gretel-Version mit der Putzfrau.

Eines Tages stellte die böse Hexe eine neue Putzfrau ein. Sie war aber sehr unzufrieden und schnauzte sie gleich an: »Sie sind eine sehr schlampige und langsame Putzfrau, so etwas hätte es früher nicht gegeben!«

Putzfrau: »Jetzt chill mal, Alte.«

In diesem Moment bemerkten Hänsel und Gretel, die schon stundenlang im Wald herumgeirrt waren, das Hexenhaus, und Hänsel sagte: »Da gehen wir rein, da gibt es bestimmt was zu essen, ich hab unheimlich Kohldampf.«

Gretel: »Nein, ich geh da nicht rein, guck mal, wie ich ausseh, mein Röckchen ist ganz zerrissen und dreckig.«

Hänsel sagte: »Willst du was essen oder Germanys next Topmodel gewinnen?« Widerstrebend ging Gretel mit. Sie klopften am Hexenhaus an, die junge, hübsche Putzfrau öffnete, und Gretel sagte: »Wer sind Sie denn, ist die Hexe nicht da?«

Die Putzfrau sagte: »Die Alte rasiert sich gerade, na ja, wenn's hilft, ich bin die Putzfrau.«

Und Hänsel sagte: »Sie würde ich gern mal bürsten!«

Natürlich gab es einen Riesenlacher, aber erstens ist der Witz wirklich sehr alt, zweitens ist er sexistisch und drittens auch taktlos Gretel gegenüber, die vielleicht auch gern gebürstet werden würde, von der Hexe ganz zu schweigen.

Fehlt noch Rotkäppchen. Eines Tages rief die Mutter in Richtung Kinderzimmer: »Rotkäppchen, du musst mit Kuchen und Wein zur Oma.«

Rotkäppchen: »Zu welcher?«

Mutter: »Rotkäppchen, du hast nur eine, meine Mutter, die andere ist schon lange tot.«

Rotkäppchen: »Die mochte ich aber viel lieber, die hat mir immer Geld gegeben. Deine Mutter ist echt ätzend, außerdem habe ich mir gerade eine schöne Tüte gebaut, die zieh ich jetzt durch!«

In diesem Moment rief die Oma an und sagte: »Hallo, hier ist die Oma, was geht, wo bleibt denn Rotkäppchen mit meinem Kuchen und dem Wein?«

Und die Mutter antwortete: »Die kann nicht kommen, die kifft gerade.«

Und die Oma sagte: »Soll mir was über lassen!«

In diesem Moment klingelte es.

Die Mutter ging zur Tür und öffnete. Draußen stand der Postbote.

Und die Mutter sagte: »Hallo Postbote, hast du einen Brief für mich?«

»Nein, wir streiken doch.«

»Und was willst du dann hier?«

»Ich wollte fragen, ob Rotkäppchen mit in die Dorfdisco kommt, da ist heute Wet-T-Shirt-Wettbewerb!«

»Nee, lieber nicht, nachher erkältet sie sich noch.«

»Keine Angst, ich werde sie schon trocken rubbeln.«

In diesem Moment rief die Großmutter wieder an und sagte: »Ist der Postbote bei euch?«

Und die Mutter antwortete: »Ja, warum?«

»Sag ihm, er hat seinen Sack bei mir vergessen, und ich gehe dann doch mit zum Wet-T-Shirt-Wettbewerb.«

Abschließend noch zwei ultrakurze Rotkäppchen-Versionen, die ich beide mit 1 bewertet habe:

Rotkäppchen machte sich mit Kuchen und Wein auf den Waldweg zur Oma. Plötzlich stand der Wolf da und sagte: »Ja hallo erst mal!«

Und Rotkäppchen sagte: »Hallo, Wolf, wieso sprichst du so komisch?«

Wolf: »Ich bin kein Wolf, ich bin ein Vierhundert-Euro-jobbender Sozialarbeiter, der im Auftrag des Familienministeriums junge Mädchen davor warnt, sich ansprechen zu lassen.«

Und zu guter Letzt:

Eines Tages klingelte es bei Rotkäppchen und seiner Mutter. Die Mutter öffnete und sagte: »Wer sind Sie denn?«

»Ich bin Bestatter und suche Arbeit.«

»Da gebe ich Ihnen mal die Adresse von der Oma.«

Das rechte Wort zur rechten Zeit

»Wussten Sie, dass nach einem leichten Herzinfarkt dicke Menschen die besseren Überlebenschancen haben?«

»Nein.«

»Wenn mir jetzt der Arzt erzählt, ich soll abnehmen, damit ich keinen Herzinfarkt kriege, tue das, kriege aber trotzdem einen und sterbe daran, weil ich nicht mehr dick genug bin, ist das doch fahrlässige Tötung, oder? In Amerika käme der Arzt dafür auf den elektrischen Stuhl. Die Amerikaner haben eine völlig andere Einstellung zur Todesstrafe. Die sagen ja auch: Hinrichten ist noch viel zu mild für diesen Mörder. Das ist eine interessante Frage: Wie kann man die Hinrichtung weniger angenehm für den Delinquenten gestalten? Vielleicht ein Furzkissen auf den elektrischen Stuhl legen oder Heftzwecken oder ihn den Strom auf einem Ergometer selber erzeugen lassen?«

»Aha.«

»Möchten Sie noch einen Kaffee?«

»Nein, danke.«

»Aha, die amerikanische Rechtsprechung ist sowieso ein Kapitel für sich. So las ich kürzlich, da haben sie jemanden verurteilt wegen Nekrophilie mit einem Tier. Da hätte ich gerne mehr Einzelheiten erfahren. Was hat der Mann zu seiner Verteidigung vorgebracht? Vielleicht: »Herr Richter, ich hab gedacht, der Elch lebt noch, als ich ihm beiwohnte.« Also die Buttercremetorte ist ja lecker, die will aber, glaube ich, jetzt mal raus. Entschuldigen Sie mich mal kurz, aber nicht weggehen, ich finde, man kann sich wunderbar mit Ihnen unterhalten.«

»So, da bin ich wieder, meine Herren, das war aber mal was. Wussten Sie eigentlich, dass die chinesischen Kaiser eigene Kotbeschauer hatten, die aus Form und Farbe des Stuhlgangs die Gesundheit des Herrschers ableiteten?«

»Nein.«

»Haben Sie auch Latein und Griechisch in der Schule gehabt?«

»Nein.«

»Na, macht ja nichts. Bildung wird oft überbewertet. Herzensbildung ist viel wichtiger. Darf ich fragen, woher Sie kommen?«

»Aus Bochum.«

»Ah ja, und wo haben Sie so gut Deutsch gelernt?«

»Auch in Bochum.«

»Ah ja, es ist nur, Sie sehen nicht aus wie eine typische Bochumerin.«

»Meine Mutter kommt aus Thailand.«

»Ah, jetzt wird ein Schuh draus, oh, ich sehe, das Büfett wird gleich eröffnet, das ist heute ja mal eine von den besseren Beerdigungen, meist gibt es nur Kaffee und Kuchen, wissen Sie, ich klappere per Internet immer die Restaurants in Friedhofsnähe ab und schmuggle mich bei größeren Beerdigungen unter die Trauergäste, ja, als Rentner und Witwer muss man sehen, wo man bleibt, kannten Sie den Verblichenen?«

»Ja, er war mein Mann.«

»Oh, das tut mir leid, dann werd ich mal ans Büfett ... Hat mich sehr gefreut, einen schönen Abend noch, Schwarz steht Ihnen übrigens supi, die geborene Witwe, bis Denver, wie man so sagt.«

Gynäkomastie

Viele Männer, auch prominente, die unter Gynäkomastie leiden, also Biertitten, diese fiesen leeren Schläuche, nehmen ärztliche Hilfe in Anspruch und lassen sich das schlaffe und hypertrophe Brustgewebe straffen. Das ist so, als ob man sich den Blinddarm verlängern ließe. Dem liegt ein kolossales Missverständnis zugrunde, denn Frauen gucken Männern nicht auf den Busen. Es ist vielmehr umgekehrt. Männer gucken Frauen auf die Brust. Das hat evolutionsbiologisch auch seinen Sinn. Als wir alle noch Vierbeiner waren, und damals war wohlgemerkt das männliche Gehirn bereits voll entwickelt, war der Haupthingucker für das Männchen das weibliche Hinterteil; daran hat es sich orientiert, damit es überhaupt wusste, wo's langgeht bei der Fortpflanzung. »Ah, Popo«, dachte der Mann und stürzte sich drauf. Simpel, aber das musste es auch sein, um viele Tausend Jahre funktionieren zu können, bis der Herr plötzlich, vielleicht aus einer Sektlaune heraus, den aufrechten Gang einführte. Superidee, denn plötzlich waren die Männer orientierungslos. »Wo ist der Popo, der Popo ist weg, hast du den Popo gesehen?«, wehklagte es allenthalben im Erdenrund, und als er sah, was er angerichtet hatte, schuf Gott hastig, fast überstürzt den weiblichen Busen, und er designte ihn in Gesäßoptik, damit der Mann wieder seinen Anhaltspunkt hatte. »Ah, der Popo ist wieder da.« Und die Menschheit war noch einmal mit einem blauen Auge davongekommen. Wobei ich sagen darf: Diesen Teil der Schöpfung finde ich voll schön. Wobei ich persönlich mehr auf die kleineren Ausgaben stehe. Ich stelle mir immer vor, sie nicken mir zu und sagen: »Guten Tag, können wir Ihnen helfen?« Und ich antworte: »Vielen Dank, ich gucke nur ein bisschen.«

Die großen machen mir eher Angst, sie scheinen mir zu sagen: »Komm her, wir quetschen dir das bisschen Hirn aus der Birne.« Die sind sowieso nicht unproblematisch: Letztens in England, in einem Supermarkt, hat sich ein Mann über die hohen Preise an der Fleischtheke beschwert. Und dann stellte sich heraus, dass die Verkäuferin zu niedrig saß und mit der Jagdwurst immer den Busen mitwog. Ich war kürzlich auf einer Medienparty, und da tanzte Gregor Gysi mit Barbara Schöneberger. Es sah aus, als hätte er drei Köpfe. Sie tanzte Walzer, er tanzte Disco-Fox. Er konnte ja nicht nur nichts sehen, er konnte auch nichts hören.

Haare am Hintern hinterfragen

Uns alten 68ern wurde beigebracht: Nimm nicht alles hin, sei kritisch, hinterfrage. Ich darf Ihnen jetzt, wo ich auf den größten Teil meines Lebens zurückblicke, sagen: Hinterfragen Sie vor allem das Hinterfragen! Wenn Sie alles hinterfragen, kommen Sie zu nichts anderem mehr.

Zum Beispiel ist ja in manchen Hotels, wenn man abends zurückkommt, die Bettdecke zurückgeschlagen. Früher hat mich das irritiert. Ich habe mich gefragt: Warum ist die Decke abends zurückgeschlagen? Traut man mir das nicht zu? Ist das nur in meinem Zimmer so oder wird das bei jedem Gast gemacht? Und wie hat das angefangen? Hat mal eines Abends ein Gast an der Rezeption angerufen, guten Abend, mein Name ist Müller, Zimmer 104, ich weiß nicht, wie ich in mein Bett kommen soll, bitte schicken Sie jemanden rauf, ich will nicht wieder in der Badewanne schlafen.

Warum glauben viele Leute an Vorherbestimmung? Ich finde das Konzept unlogisch. Nehmen wir an, ich sitze im Zug, und dem Lokomotivführer ist es vorherbestimmt, jetzt den Löffel abzugeben, da häng ich mit drin in der Nummer.

Warum präsentieren sich die meisten Sängerinnen in den Musikvideos bei VIVA oder MTV so freizügig? Die Musik würde es nicht erfordern, also vermute ich, der Gedanke dabei ist: Ich kann nicht gut singen, dafür entschuldige ich mich, als Gegenleistung zeige ich Teile meines Körpers, die ihr sonst nur in der Sauna seht oder in Pornofilmen. Das ist nicht logisch. Mich würde auch das Umgekehrte stören, eine Pornodarstellerin, die sich ungeschickt anstellt und als Gegenleistung singt.

Neuerdings sieht man immer häufiger auf dem Beipackzettel

von Arzneimitteln oder bei Kosmetika: nicht an Tieren getestet. Das heißt, es wird gerade an mir getestet. Und wenn ich es überlebe, dann weiß man, dass man es bedenkenlos Tieren verabreichen kann.

Irgendwo habe ich mal gelesen, bei Hochzeiten soll kein Reis mehr geworfen werden, weil die Tauben den fressen, und wenn sie dann Wasser trinken, quillt er im Magen auf, und sie platzen. Ich habe wochenlang im Park gesessen, Reis gestreut, Wasserschälchen aufgestellt, ich habe es sogar mit Fünfminutenreis probiert, alles Quatsch.

Es gab kürzlich eine Bimmel-Studie mit folgendem schockierenden Ergebnis: Wenn beim Sex das Handy klingelt, gehen fast fünfundzwanzig Prozent der Deutschen ran. Wieso das denn? Es könnte ja immerhin der Ehepartner dran sein. Ein Scherz.

Was bedeutet das: Fünfundzwanzig Prozent gehen beim Sex ans Handy? Gut, einige werden Notarzt sein, die zum Einsatz müssen, oder Geistliche, die zu einer Letzten Ölung gerufen werden, aber ich denke, die meisten wollen nur demonstrieren, dass sie unentbehrlich sind. Einige lassen sich vermutlich anrufen, um gefragt und beliebt zu wirken, andere lassen das Handy an, um sagen zu können, ich ruf zurück, ich kriege gerade einen geblasen.

Händewaschen soll Weltkulturerbe werden. Die Benediktiner des österreichischen Klosters Gut Aich wollen das Händewaschen in die UNESCO-Liste des immateriellen Kulturerbes eintragen lassen. Das Händewaschen sei ein Zeichen, das religionsübergreifend verstanden werde.

Welches Händewaschen? Das Hände-in-Unschuld-Waschen von olle Pilatus? Das vor einer Operation am offenen Herzen? Das nach dem Kacken? Man hat uns früher immer erzählt, die Schöpfung ist unendlich zweckmäßig. Alles hat einen Sinn. Was ist mit Haaren am Hintern? Keiner sieht sie, und sie sind unhygienisch. Gut, als Filzlaus sehe ich die Dinge vielleicht anders, aber als Mensch? Oben werden sie immer weniger, unten immer mehr. Irgendwann muss ich mir den Kopf abseifen und den Hintern schamponieren. Hat sich schon mal jemand von Ihnen beim Sex filmen lassen mit dem Handy? Bin ich wieder der Einzige? Nein, tun Sie es auch nicht. Man sieht völlig anders aus als die Jungs in den Pornos. Das Einzige, was wirklich groß wirkt, ist der Hintern. Wie zwei Doppelhaushälften – nur mit Haaren.

Ich bin ein Neurosenbündel

Es gibt ja diese Gestörten, die jeden Scheiß mit Karte bezahlen. Ungelogen, auf Mallorca an einer Tankstelle steht vor mir eine Frau und will drei Chupa Chops, diese kleinen runden Lutscher, mit Karte bezahlen, drei Lutscher! Karte ins Lesegerät, Geheimzahl, geht nicht, Karte raus, hauchen, reiben, wieder rein, Geheimzahl, ging nicht, das Ganze fünfmal, und es war ganz am Anfang vom Urlaub, ich war noch nicht erholt!

Aber meine Gefühle dieser Frau gegenüber waren durchaus ambivalent. Sie oszillierten zwischen blankem Hass und Bewunderung! Denn ich könnte das nicht. Ich hätte nicht die Kraft, drei Lutscher mit einer Karte zu bezahlen, von der ich weiß, sie geht nicht, und hinter mir stehen zehn Leute, von denen ich weiß, was sie über mich denken: »Was für ein klaftertiefes Arschloch, hält den ganzen Laden auf!«

Ich habe ein unendliches Harmoniebedürfnis, ich würde mir so oft wünschen, nicht bei jeder Zurückweisung zu resignieren, sondern auch mal aufzubegehren. Früher, als ich noch Frauen angesprochen habe und wenn die dann sagte: »Hau ab, du bist nicht mein Typ!«, dann bin ich erst abgehauen, habe geweint, dann gebetet: »Lieber Gott, gib mir doch die Kraft zu sagen: ›Was war das? Unattraktive Menschen können es sich nicht leisten, einen Typ zu haben. Eine potthässliche Frau muss nehmen, was kommt. Wenn Hungersnot herrscht, kann ich mich auch nicht auf mein Lieblingsgericht kaprizieren.‹« Aber ich kann es nicht.

Ich habe auch ein Helfersyndrom, das kommt noch aus der Pfadfinderzeit, wo wir gelernt haben, alten Menschen über die Straße zu helfen, auch wenn sie sich verzweifelt wehrten. Beim Bund hatten wir einen Ausbilder, einen Stabsunteroffizier, der hatte einen übertriebenen Reinlichkeitsfimmel, der war in der analen Phase stecken geblieben, zog sich freitags beim Stubendurchgang einen weißen Handschuh über und ging damit über die Türleisten – bis ich mal ein Stückchen Rasierklinge eingearbeitet habe, da war er geheilt. Ich muss immer helfen. Meine Mutter war eine von diesen Supergastgeberinnen, die nicht akzeptieren, wenn man satt ist. Mögen Sie noch etwas? Nein, danke, es war wunderbar, aber ich kann nicht mehr ... Klatsch, hatte man noch eine ordentliche Portion. Wenn man den Fehler machte zu sagen: Ja bitte, aber nur ein kleines bisschen, kriegte man eine komplette Mahlzeit für zwei Personen. Ich habe das von ihr geerbt. Wenn ich für Freunde koche und jemand will keinen Nachschlag, muss er mich erschießen, und ich werde noch mit sechs Kugeln im Körper sagen: Hat es dir nicht geschmeckt?

Ich reagiere auch sehr unwirsch auf Versuche, mich in irgendeiner Weise zu bevormunden. Ein Freund von mir, Arzt, geht mir unheimlich auf die Nerven. Er ist dauernd dran, ich soll mehr Wasser trinken, drei Liter am Tag. Ich habe versucht, ihm zu erklären, dass wir keine Pflanzen sind, sondern hochkomplexe Organismen, die ihren Flüssigkeitsbedarf auch anspruchsvoller und origineller decken können. Wir können Kaffee, Tee, Bier, Wein trinken, wir könnten auch Benzin trinken, wenn es nicht so teuer wäre.

Und dann habe ich ihn mit seinen eigenen Waffen geschlagen und gesagt: »Bei Eckardt von Hirschhausen, auch Arzt, kannst du nachlesen, wenn man ein Jahr lang jeden Tag drei Liter Wasser trinkt, hat man am Ende des Jahres ein Kilo Kolibakterien als Instant-Scheiße zu sich genommen. Wenn man dieselbe Menge Bier trinkt, nicht! Weil die Kolibakterien den Herstellungsprozess von Bier nicht überstehen!«

Ich bin auch ein sehr vorausschauender Mensch, mache mir oft morgens schon Gedanken darüber, was ich abends essen könnte. Deswegen habe ich auch meine Beerdigung schon geplant. Ja, wenn's so weit ist, ist es zu spät, dann kann man nicht mehr mitreden. In China kann man auf Beerdigungen Striptease bestellen, das finde ich witzig, aber da habe ich nichts von, nur die Gäste. Ich glaube, wenn mein letzter Gedanke ist, dass die Trauergesellschaft noch ein bisschen Stress und nicht nur Spaß hat, könnte mir das den letzten Schritt erleichtern. Ich könnte mir sehr gut eine Hindernisrallye vorstellen, bei der die Leute in Teams eingeteilt werden und verschiedene Stationen anfahren müssen, wo sie eine Aufgabe zu lösen haben, um den Hinweis auf die nächste Station zu finden. Und die letzte Station, die dreißigste, ist dann ein Starkstrommast, und in fünfundzwanzig Metern Höhe hängt die Urne mit meiner Asche, und wer als Erster oben ist, darf sie behalten.

Ich habe das meiner Frau erzählt, und sie hat sich gleich aufgeregt: »Bist du bescheuert? Dann bin ich vielleicht schon fünfundneunzig und soll einen Hochspannungsmast hochklettern? Wir machen das mit dem Striptease!« – und dann hat sie auch gleich bei den Chippendales angerufen.

Interview and me

Wenn man häufig Interviews gibt, finden sich oft dieselben Fragen, auf die man so lange verschiedene Antworten gibt, bis man eine besonders gut findet, und die behält man dann im Repertoire. Hier eine kleine Auswahl:

Nach Weihnachten werde ich immer gefragt: *Was hast du zu Weihnachten bekommen?* Dann sage ich: Eine Fischvergiftung.

Haben Sie eine Lebensweisheit, die Sie uns weitergeben können?
Geschmäcker sind verschieden. Nehmen wir an, Sie haben eine Freundin. Für Sie ist sie das schönste, aufregendste, attraktivste Geschöpf auf der Welt. Ihre Frau sieht das vermutlich anders.

Sind Sie ein politischer Mensch?
Ich frage dann zurück, was das denn sei: Ist das jemand, der jeden Tag drei Zeitungen liest und dann denen auf den Sack geht, die das nicht tun, oder ist das ein Jemand, der die Wirklichkeit aktiv mitgestaltet, ein Bürgermeister mit Familiensinn, der den Auftrag für eine neue Schule seinem Schwager zuschanzt?

Glauben Sie an übersinnliche Phänomene?
Unbedingt. In meinem Körper spukt es: Ich stoße manchmal einen Obstler auf, obwohl ich gar keinen getrunken habe.

Was wäre Ihr nächstliebster Traumberuf außer Komiker?
Pathologe. Es ist genauso interessant wie Chirurg, es gibt aber keine Reklamationen.

Werden Ihnen die Fans manchmal lästig?
Ja, wenn jemand witzig sein will und fragt: Wie geht's deiner Frau und meinen Kindern? Dann sag ich: Der Frau geht es gut, die Kinder sind ein bisschen blöd. Oder: Wieso sind Sie so dick? Ich: Immer, wenn ich mit Ihrer Frau schlafe, gibt's anschließend Kaffee und Kuchen. Oder: Ich sitze auf einer Autobahnraststätte auf dem Klo, schiebt aus der Nachbarkabine jemand einen Zettel durch: Bitte Autogramm. Hab ich draufgeschrieben: Hier kackt Otto.

Interessanter ist die Frage nach sexuellen Belästigungen und wie schützt man sich davor? Gar nicht. Man ist froh, wenn es dazu kommt, aber es ist leider sehr selten. Meine letzte sexuelle Belästigung war vor zwölf Jahren. Da stehe ich im Hotelfahrstuhl auf dem Weg in den vierzehnten Stock. Eine attraktive Frau steigt zu, lächelt mich an und sagt: »Ich bewundere Sie seit vielen Jahren, haben Sie Lust, noch auf mein Zimmer mitzukommen, ich würde gern mit Ihnen schlafen.«

Ich sage: »Toll, und was hab ich davon?«

Nein, ein Scherz. Ich bin natürlich mitgedackelt, habe ihr die Minibar leer gesoffen und gesagt: »Oh, ich hab so Kopfschmerzen« – und bin abgehauen.

Welche Witze würdest du nicht machen?
Alle, mit denen ein persönliches Risiko für mich verbunden sein könnte. Scherze über Gehörlose sind o. k., die Leute hören sie nicht, Scherze über Blinde sind auch o. k., weil sie in der Regel viel Humor haben und selber welche machen. Stevie Wonder sagte im Konzert zum Beispiel: »Macht mal das Licht aus!«

Es geht aus, und er sagt: »Thank you.«

Zwei Blinde auf einer Parkbank. Einer niest. Der andere: »Kannst du mir auch eine Dose Bier aufmachen?«

Witze über Hässliche sind ganz easy, die bezieht sowieso niemand auf sich. Auf der Bühne sage ich: »Wir machen jetzt ein Experiment: Alle Hässlichen mal aufzeigen!« Ich warte immer noch drauf, dass mal jemand aufzeigt. Witze über Blöde sind genauso, die Halbblöden beziehen sie nicht auf sich, und die ganz Blöden raffen sie nicht. Was ich aber ablehne, seitdem ich älter bin, sind Witze über ältere Mitbürger, übergewichtige Mitbürger und ganz besonders ältere übergewichtige Mitbürger, zumal so brutale, wie sie amerikanische Comedians machen. Da kann es in einem Comedy-Club passieren, dass einer einen sehr dicken Typen im Zuschauerraum aufstehen lässt und sagt: »Heute bei uns zu Gast: die Hindenburg.« Furchtbar.

Was würdest du machen, wenn du zaubern könntest?
Ich würde mich unsichtbar machen, in die Umkleideräume von so einer Top Modenschau schleichen und dann den Models gerade so viele Pfunde auf die Hüfte zaubern, dass sie nicht mehr in diese Fummel reinpassen, das wäre toll.

Gibt es Lieblingsfundstücke aus dem Netz?
Lieferwagen mit der Aufschrift: Brustvergrößerungen durch Handauflegen mit Geld-zurück-Garantie nur 1 Euro.

Liebe, Mord und Streuselkuchen

»Können Sie mir einen Euro verkaufen?«, fragte der Mann in den mittleren Jahren und dem abgetragenen Anzug.

»Euro verkaufen?«

»Na, Sie geben mir einen Euro und ich erbringe eine Dienstleistung. Schauen Sie, hier ist eine Auflistung meiner Angebotspalette.«

»Ich habe keine Zeit«, sagte die Frau hektisch und wollte weitergehen.

»Aber das trifft sich ja großartig, ich verkaufe Ihnen welche, kommen Sie, wir gehen Kaffee trinken, und Sie erzählen mir von sich! Kostet Sie zwei Kaffee und einen Euro.«

Die Unmutsfalte auf der Stirn der Frau verschwand.

»Also gut, zehn Minuten für einen Kaffee habe ich.«

»Wie wäre es mit einem Stück Rhabarberstreuselkuchen?«, fragte der Mann, »der ist hier ganz ausgezeichnet!«

»Na schön, aber ohne Sahne!«

Zwei Minuten später wurden Kaffee und Kuchen serviert.

»Ich hatte doch ausdrücklich gesagt: ohne Sahne!«

»Ich weiß«, sagte der Mann, »aber Sie haben eben schon mal Ihre Meinung geändert, und ich finde, das ist ein guter Ansatz.«

»Ansatz zu was?«

»Zu mehr Abwechslung, Freude und damit Lebensqualität!«

»Ich kann mich über meine Lebensqualität aber nicht beklagen! Ich habe zwei Kinder und einen Beruf, der mich ausfüllt.«

»Sie haben Ihren Mann nicht erwähnt!«

»Na ja, den habe ich natürlich auch.«

»Wieso natürlich, viele Frauen mit zwei Kindern und einem

Beruf haben keinen und sind sehr unglücklich damit. Oder gibt es an Ihrem Mann etwas auszusetzen?«

»An welchem Mann gibt es nichts auszusetzen? Na gut, wenn Sie so fragen, er sitzt im Gefängnis.«

»Darf ich fragen, was er gemacht hat?«

»Mord.«

»Oh.«

»Ja, er ist extrem eifersüchtig und hat einen Freund, von dem er dachte, er hätte mit mir geschlafen, überfahren.«

»Und, haben Sie?«

»Hören Sie, das geht jetzt wirklich zu weit und spielt auch keine Rolle.«

»Doch, irgendwie schon, denn wenn Sie mit ihm geschlafen haben, tragen Sie eine gewisse Mitschuld am Tod Ihres Freundes.«

»So ein Unsinn! Wir leben im dritten Jahrtausend nach Christus, da wird ein Seitensprung nicht mit dem Tod bestraft.«

»Ein paar Tausend Kilometer weiter schon!«

»Außerdem schuldete er dem Freund Geld!«

»Ach, Ihr Mann dachte also, wenn er ihn umnietet, muss er seine Schulden nicht bezahlen?«

»Nein, er dachte, der Freund habe geglaubt, sich das rausnehmen zu können, weil er ihm was schuldete.«

»Sie haben also mit ihm geschlafen, damit Ihr Mann schuldenfrei ist? Das ist edel!«

»Nein, so kann man das nicht sagen, es waren ja auch nur fünfzig Euro.«

»Für fünfzig Euro würde ich auch mit Ihnen schlafen!«

»Dann würde mein Mann Sie auch umbringen!«

»Wann kommt er denn wieder frei?«

»Heute oder morgen, das war noch nicht ganz klar.«

»Dann müssten wir uns also beeilen.«

»Das müssten wir wirklich, wollen wir zahlen?«

»Wer ist wir? Die Spesen zahlen Sie, und einen Euro schulden Sie mir auch noch!«

»Na, Sie sind mir ja einer!«

In diesem Moment trat ein Mann mit einer Reisetasche an den Tisch und sagte: »Hallo Schatz, wieso hast du mich nicht abgeholt, ich habe dir doch eine SMS geschrieben!«

»Sorry, hab mein Handy vergessen, willst du ein Stück Kuchen, der Rhabarberkuchen ist hier ganz ausgezeichnet!«

»Nee, lass mal, lieber gleich in die Kiste, zwölf Jahre sind eine lange Zeit!«

»Das trifft sich gut, der Herr und ich wollten auch gerade in die Richtung, da lass uns doch einen schönen Dreier machen.«

»Kein Problem, bei mir reicht's locker für zwei und das nicht nur einmal!«

Pro Jahr erscheinen in Deutschland etwas über 80 000 Bücher. Vielleicht sollte man einmal ein Wort über die ungezählten Bücher verlieren, die nicht erscheinen. Dieses beispielsweise, aus dem Sie gerade einen Auszug gelesen haben. Es trägt den Titel: *Rollenspiele für Dreier-WGs.*

Zeitgeist und Flirt

Ist der Zeitgeist eigentlich immer sinnvoll? Ganz sicher nicht. Heutzutage fallen neunzig Prozent aller Äußerungen, die früher mal als nette Anmache durchgingen, unter Sexismus. Amerika ist da Vorreiter. Man kann dort als Student der Uni verwiesen werden, wenn man eine Frau nur anguckt. Das kann die nämlich als sexuelle Belästigung deklarieren und zur Anzeige bringen.

Nehmen wir mal an, ich sitze in der Mensa, löffle meinen Eintopf, und eine bemerkenswert hässliche Kommilitonin setzt sich mir gegenüber. Ich gucke sie an, und alle Gesichtsmuskeln sind im Einsatz, um mein Entsetzen nicht zu deutlich zu zeigen. Dann kann sie sagen: »Hör auf, mich anzustarren, du Perversling, oder ich zeige dich an!« Man kann dann sagen: »Bitte entschuldige, ich wollte dich nicht anmachen, ich habe nur einfach noch nie so eine hässliche Frau gesehen, darf ich ein Foto machen?«

Zumindest wäre es einen Versuch wert. Was auf keinen Fall geht: Wenn sie hübsch ist, zu sagen: »Wie viel Hoffnung auf einer Skala von eins bis zehn gibt es, dass wir beide heute noch in die Kiste gehen?«

Da käme dann: »Hör auf, mich anzumachen, du Perversling, oder ich zeige dich an!«

Bei mir käme das, bei George Clooney nicht. Die Entscheidung, was ist Sexismus und was willkommener Flirt, liegt natürlich bei der Frau. Ich habe mir eine Möglichkeit überlegt, wie man die Flucht nach vorne antreten und ebenfalls die juristische Keule ins Spiel bringen kann.

Ich setze mich zu einer Frau an den Tisch und starre sie an. Sie wird fragen: »Wieso starren Sie mich so an?«

»Ich treibe Sport.«

»Was?«

»Ja, einer englischen Studie zufolge ist zehn Minuten eine schöne Frau angucken genauso gut für Herz und Kreislauf wie eine halbe Stunde Sport, und genau das hat mir der Arzt verordnet für meinen zu hohen Blutdruck. Sie können ihn gerne anrufen. Und wenn Sie jetzt Schwierigkeiten machen, kriege ich Sie ganz schnell dran wegen unterlassener Hilfeleistung.«

»Aha.«

»Wissen Sie, für normalen Sport fehlt mir einfach die Zeit. Mich hat ein Freund mal gefragt, ob ich nicht den Berlin-Marathon mitlaufen will, und dann habe ich mich sachkundig gemacht und gelesen, der Weltrekord liegt bei etwas über zwei Stunden. Also wenn der Weltrekordler schon so lang braucht, brauch ich womöglich noch länger, zumindest bei den ersten Malen, die Zeit hab ich gar nicht.«

Und nach einem Blick auf die Uhr: »Das war der Sport, was machen wir jetzt, wollen wir essen gehen?«

Der Mitteleuropäer fühlt sich ja sogenannten primitiven Kulturen gern überlegen. Oft völlig zu Unrecht.

In Namibia sitzt ein Buschmannvolk, das gegen Geld vor Publikum Kulturtechniken demonstriert wie etwa Brautwerbung: Ein Mann schießt der Angebeteten einen Pfeil auf den Po. Sie kann ihn a) zerbrechen b) zurückgeben (das heißt, er kann es später noch mal versuchen) c) sie nimmt den Pfeil und hält ihn ans Herz. Supersache. Und es wäre auch ein großartiger Einfall für eine Singleparty. Was allein mit dem Verkauf der leicht überteuerten Flitzebogen zu verdienen wäre!

Ein Extraspaß sind heutzutage für mich Interviews mit Frauenzeitschriften, *Frau im Koma* und wie sie alle heißen. Da kann ich noch mal in Erinnerungen schwelgen. Denn es kommt ja immer die Frage: »Flirten Sie gerne?«, und dann sage ich: In einem früheren Programm hatte ich mal einen Text mit Baggersprüchen,

Nr. 1 war: Gnä Frau, ich fürchte, es gibt Krieg, mein Säbel juckt, Nr. 2: Sagen Sie, haben Sie Wasser in den Beinen, meine Wünschelrute schlägt aus, Nr. 3: Kennen Sie den Liebesruf der Riesenmuschel? Jetzt formen Sie aus den beiden Unterarmen vor dem Gesicht Muschelschalen, klappen Sie schnell hoch, rufen »Willsse ficken?« und klappen die Muschel wieder zu. Und Nr. 4: Finger anfeuchten, die Dame antippen und sagen: »Jetzt aber schnell raus aus den nassen Klamotten.« Und der Gag war dann, ich sagte: »Jetzt denken einige: Scheiße, nichts zu schreiben dabei, da müssen Sie dann sehen, dass Sie nachher in der Disco nicht durcheinanderkommen, die Frau mit dem feuchten Finger antippen, die Muschel machen und sagen: »Es gibt Krieg.«

Gut, die Sprüche sind durch, die stehen im Internet, sind Standardlauge, wie die jungen Leute sagen. Und das passt auch nicht zu einem älteren Herrn, man kann mit siebenundsechzig nicht sagen: »Zeigst du mir deine Muschi so, oder muss ich erst mit den Breckis rascheln?«

Das könnte der Pocher machen. Das Zauberwort für den Seniorflirter: Romantik gepaart mit Zurückhaltung. Ich gehe sehr gern ins Museum. Dann gucke ich, ob irgendwo eine Frau allein vor einem Landschaftsbild steht. Dann schleich ich mich an und fange an, Lyrik abzusondern: »Der Nebelstreif der Sonne weicht, der Wald tritt grün hervor, ein Rehlein um die Tanne streicht, es tönt der Vögel Chor«, und wenn sie dann lächelt, sage ich: »Sie haben schönes Haar, aber es braucht andere Beleuchtung, ich kenne da eine kleine Trattoria ...« Ich sage Ihnen: In zehn Prozent der Fälle geht sie mit! Das ist eine Mörderquote. Für Festgeld kriegen Sie im Moment keine zwei Prozent.

Sie können natürlich auch über die Humorschiene versuchen zu punkten. Gehen Sie in den Supermarkt, treiben Sie sich in der Obstabteilung bei den Bananen rum, warten Sie, bis eine Frau kommt, die Ihnen gefällt, und sagen Sie: »Klingelingeling.« Und dann nehmen Sie eine Banane und tun so, als ob Sie telefonieren: »Wer ist da? Die Lottogesellschaft? Was hab ich? Zwölf Millionen gewonnen? Schön, hören Sie, können wir das morgen besprechen, ich stehe gerade kurz vor einer Verabredung mit einer wahnsinnig aufregenden Frau in weißen Jeans und hellgrünem Top.« Und wenn sie dann lacht, dann wissen Sie, die ist ein bisschen blöd, da geht was.

Male

»Hätten Sie Interesse an meiner Muschelsammlung?«

»Ist ja zum Piepen, streiche Briefmarken, setze Muscheln. Wo leben Sie eigentlich?«

»Wahlweise hier in Hamburg, in Berlin, London, Ibiza oder L.A.«

»Ah ja, und wo haben Sie Ihre Muschelsammlung?«

»Die musste ich aus Platzgründen über die verschiedenen Traumstrände der Welt verteilen, streng genommen habe ich Sie eben zu einer Weltreise eingeladen.«

»Aber ich kenne Sie doch gar nicht!«

»Im Urlaub werden Sie mich kennenlernen!«

»Und wann soll's losgehen?«

»Der nächste Flieger nach Male geht in vier Stunden.«

»Male, Sie erzählen mir was von einer Weltreise und wollen mich dann mit Mallorca abspeisen??«

»Male ist der Flughafen der Malediven.«

»Aber ich muss noch packen!«

»Alles, was Sie brauchen, kaufen wir in Male.«

Und dann sieht man das Logo des Kaufhauses HA, und diese tiefe Stimme sagt: »HA hat alles, was Sie brauchen, egal was und wo.«

»Ich weiß nicht«, sagte der Direktor der Kaufhauskette HA, »wir haben doch gar keine Filiale auf Male.«

»Egal«, sagte der Kreativdirektor der Werbefirma, »der Spot sagt nur, dass HA-Kaufhäuser alles haben, was man irgendwo braucht. Er behauptet nicht, dass es überall HA-Kaufhäuser gibt. Wir erzählen ein Märchen, das viele Frauen gern erleben würden, setzen einen positiven Anker, alter NLP-Hut, tausendmal bewährt.«

»Aber der Spot ist auch viel zu lang und damit zu teuer. Wir brauchen einen Count-down-Spot von maximal achtzehn Sekunden, sonst schalten fünfzig Prozent der Zuschauer weg, wie man weiß.«

»Wie soll ich denn in achtzehn Sekunden eine Geschichte erzählen?« Der Kreative weinte fast.

»Ja, wer ist denn das Werbegenie? Wir sind doch nur die Deppen, die die Kohle raushauen.«

Der Kreative, Sören, denn so hatte er sich genannt, seit ihm schwante, dass mit Hans-Günther in der Werbewelt nicht viel Staat zu machen war, übergab den Auftrag den drei neuen Praktikanten und ging mit seiner neuen Flamme essen. »Habe ich dir eigentlich erzählt«, sagte er, »dass ich neben der Werbescheiße an einem Band mit Kurzgeschichten arbeite? Gerade heute habe ich eine angefangen, willst du mal hören?«

Er las ihr seinen eben abgelehnten Werbespot vor bis zu der Stelle: »Alles, was Sie brauchen, kaufen wir in Male.«

»Wie findest du's?«

»Ganz nett.«

»Und bist du neugierig, wie es weitergeht?«

»Nein, denn sie wird ja nicht mitfahren!«

»Wieso das denn nicht?«

»Weil keine Frau auf so eine blöde Anmache reinfällt.«

»Aber sie ist eine Prostituierte!«

»Dann schon gar nicht.«

»Aber sie hat einen IQ von 143, hatte Stipendienangebote aus aller Welt und schon einen Doktorvater für ihre Arbeit über schwarze Löcher, als plötzlich beide Elternteile schwer erkranken und sie, um die häusliche Pflege zu finanzieren, anfängt, ihren Körper zu verkaufen; dann fliegt das auf, als ihr Doktorvater bei ihr auftaucht und ihr die Pistole auf die Brust setzt …«

»Oooch, wie öde, sie soll den alten Professor umsonst ranlassen, sonst lässt er sie auffliegen!«

»Nein, sie soll ihn heiraten, sonst lässt er sie auffliegen.«

»Das ist doch alles Quatsch, IQ von 143 und hält Mallorca für die Hauptstadt der Malediven!«

»O. k., dann sagt sie eben: ›Das war ein Gag, für wie blöd hältst du mich, erzählt von ihrem IQ, dem Studium, den kranken Eltern, dem Job, dem Professor, er verliebt sich in sie, wie heißt der Held in deiner Geschichte überhaupt?«

»Weiß nicht, Sören vielleicht?«

»Egal, jedenfalls hat er auch gleich eine gemeinsame Geschäftsidee: Sie spricht Männer auf der Straße oder in Lokalen an und überredet sie, sich für ein Handyfoto zu entblößen, sagt, das wäre für ein Studienprojekt in Psychologie. Fünfzig Prozent der notgeilen Typen machen sofort mit. Deren Kontaktdaten kriegt sie, indem sie sie eine fingierte Einverständniserklärung unterschreiben lässt. Ein paar Tage später geht Sören dann mit Abzügen von den Fotos zu den Kerlen und erpresst sie mit der Drohung, sie wahlweise als Exhibitionisten anzuzeigen oder die Fotos der Gattin oder dem Arbeitgeber zu zeigen. Und in kürzester Zeit haben sie das Geld für die Weltreise zusammen.«

»Ja schön, und was ist die Pointe?«, fragte mein Sohn, als ich ihm die Geschichte vorlas.

»Wieso Pointe, die Story ist doch rund!«

»Papa, unrecht Gut gedeihet nicht, du willst die beiden mit dieser kriminellen Masche doch wohl nicht durchkommen lassen?«

»Ja, wieso denn nicht, so ähnlich ist Griechenland in die EU gekommen.«

»Jetzt bleib mal auf dem Teppich. Ich hab's! Wie heißt der Direktor von den HA- Kaufhäusern?«

»Dr. Peter Sistenich-Söderboom.«

»Sehr gut«, sagte mein Sohn, und seine Wangen röteten sich vor Eifer. »Und genau an den gerät die Dame: Er lässt sie auch das Foto machen, und als der Werbeheini ihn dann erpressen kommt, ist die Überraschung groß, beide stecken in der Scheiße.

Als Kompromiss muss der Kaufhaus-Heini den Achtzehnsekunden-Spot, den sich die drei Azubis in der Zwischenzeit ausgedacht haben, akzeptieren; die Jungs machen sich selbständig, sind nach kurzer Zeit Marktführer, kaufen ihre alte Firma auf und schmeißen Sören achtkantig raus. Ist das gut oder ist das gut?«

Was mich besonders stört: Mein Verleger möchte unbedingt meinen Sohn kennenlernen.

Mein Psychotherapeut

Ich habe eine Therapie begonnen, weil ich einige Schwachstellen an mir ausgemacht habe, wobei Alf, mein Therapeut, gleich verboten hat, sie Schwachstellen zu nennen, er bevorzugt den Begriff Erwartungsgärten. Beide Komponenten des Wortes sind positiv besetzt und haben den Schuss Poesie, der es uns ermöglicht, Abstand von der dinglichen Welt zu nehmen. Alf ist ein sehr ungewöhnlicher Therapeut. Die erste Sitzung etwa fand in einem sehr teuren Restaurant statt, er meinte: »Sitzungen in einem Arztzimmer machen es dem Klienten unnötig schwer, sich zu öffnen, in einem Restaurant ist er auf vertrautem Terrain, die Tatsache, dass man das Brot miteinander bricht, bricht auch das Eis schneller.«

Natürlich ist so eine Art der Therapie kostenintensiver, aber meine Anzüge hole ich mir ja auch nicht bei Kik. Er befragte mich zu meinen Lebensumständen, als da sind: Ich bin Single, kinderlos, in leitender Position bei einem der wenigen wirklich erfolgreichen Start-up-Unternehmen, sehe extrem gut aus, mache Sport, wann immer es geht, beherrsche einige Martial-Arts-Disziplinen, laufe aber auch mindestens zwei der großen Städtemarathons mit, habe an einer der teuersten Privatschulen Kochen gelernt, und damit meine ich nicht Strammer Max, sondern von Edelfisch auf den Punkt garen über *sous vide* bis hin zur Molekularküche, die im Kern überschätzt ist, aber einige witzige Effekte ermöglicht.

Mein Psychiater, also Alf, hörte sich das alles lächelnd an, legte dann seine Hand auf meine und meinte: »Das klingt jetzt erst mal so, als gäbe es wenig Grund für psychische Beschwerden, aber ich sage Ihnen jetzt mal was auf Verdacht, einfach nur so neben die Tüte gekotzt: Sie sind ein arrogantes, überhebliches Arschloch, unfähig zu lieben, selbstherrlich, aggressiv, ein richtiger Kotzbrocken, richtig?«

»Sehe ich genauso«, sagte ich und goss uns vom Tignanello nach, weil die Pfeife von Kellner wahrscheinlich auf dem Klo an sich rumspielte.

»Und das ist alles kein Problem, aber wirklich schlimm ist, dass Sie nicht genießen können. Sie haben nie gelernt, sich in einem schönen Moment aus sich selbst zurückzuziehen, sich selbst zu beobachten und zu analysieren, warum die Situation zum überwiegenden Teil so ist, dass Ihr Gehirn eigentlich Glücksbotenstoffe ausschütten müsste. Fangen wir gleich hier an: Wie war Ihr Steak?«

»Es ging so gerade.«

»Papperlapapp, es war sehr gut, bestes argentinisches Steak aus der Lende, gut abgehangen, perfekt gebraten, *medium rare*, wie Sie es wollten, sehr gut gewürzt. Wenn man natürlich, wie Sie es offensichtlich gemacht haben, an das japanische Kobe-Rind denkt, das Sie mal gegessen haben, fällt es ab. Mit welcher Schauspielerin hätten Sie gerne Sex?«

»Jennifer Aniston.«

»Gut, wie finden Sie die Kellnerin dahinten?«

»Nett, ist sogar ein ähnlicher Typ wie Jen, aber sie ist es halt nicht.«

»Richtig, aber dafür ist sie hier, also theoretisch erreichbar, Sie könnten sie nett ansprechen, sie heißt übrigens Jessica, mehr als einen Korb können Sie nicht kriegen, und wenn der *worst case* eintritt, arbeiten wir daran.«

»Jetzt mal langsam, das ist eine gewöhnliche Kellnerin, warum sollte ich mir ausgerechnet von der eine Abfuhr holen?«

»Weil sie Sie vielleicht genauso durchschaut wie ich und sich ihre One-Night-Stands, wenn sie denn welche hat, sehr sorgfältig aussucht. Aber ich will Sie zu nichts drängen, wir gehen jetzt noch woandershin, und ich möchte, dass Sie mir alles, was Sie wahrnehmen, genauestens beschreiben, wenn ich Sie frage. Und damit Sie alles intensiver wahrnehmen, werde ich Ihnen die Augen verbinden, wenn Sie einverstanden sind.«

Das war spannend. Wir kamen irgendwo rein, wo man ihn scheint's kannte, denn er schien alles mit Zeichen oder geflüstert zu regeln. Das Erste, was ich hörte, war Trude Herr: »Ich will keine Schokolade, ich will lieber einen Mann.« »Wie finden Sie die Musik?«

»Witzig, damit hätte ich nicht gerechnet.«

»Was möchten Sie trinken?«

»Gibt es hier einen akzeptablen Wein?«

»Nein, nehmen Sie einen Southern Comfort mit Ginger Ale, damit hat sich Janis Joplin totgesoffen.«

»Klingt gut.«

Der Drink kam, und zeitgleich ertönte »Mercedes Benz« aus den Boxen.

»Haben Sie schon mal Sex mit verbundenen Augen gehabt?«

»Nein.«

»Möchten Sie?«

»Ja, unbedingt, je länger ich drüber nachdenke.«

»Ich kann nichts versprechen, will aber auch nichts ausschließen, ich werde Ihnen jetzt eine Tanzpartnerin zuführen, die auch das Kommando übernimmt. Betrachten Sie es als Vorstellungsgespräch.«

Eine Frauenhand legte sich in die meine, kühl, klein, fest. Wir tanzten, langsam. Schöne Musik: Lionel Ritchie, Diana Krall, Norah Jones, Keb Mo, Helene Fischer. Wir unterhielten uns, ich erzählte von mir, sie von sich, ich ließ mich auf sie ein, wir redeten und redeten, ich weiß nicht, wie lange wir getanzt haben, irgendwann kam der Therapeut und trennte uns. Er führte mich an die Bar zurück, an der wir gesessen hatten, ließ mich die Binde abnehmen. Ich schaute mich um, es war eine hübsche altmodische kleine Tanzbar, wie es sie nicht mehr oft gibt, ich hatte ehrlich gesagt mit so etwas wie einem Swinger Club gerechnet, und das sagte ich ihm auch.

»Ich weiß«, meinte er, »und Sie haben sich prächtig geschlagen, wie fühlen Sie sich jetzt?«

»Wenn ich nicht wüsste, dass das Quatsch ist, würde ich sagen: verknallt. Kann ich die Dame wiedersehen?«

»Erst mal wieder hören, wir wollen doch nichts überstürzen. Aber wenn Sie brav sind, führe ich Sie gern noch mal hierher.«

Als ich gezahlt hatte und wir gingen, sagte der Barmann, ohne mich eines Blickes zu würdigen: »Wiedersehen, Herr Doktor.«

Wir haben das dann ein paarmal wiederholt und mittlerweile bin ich seit drei Jahren mit Jessica verheiratet. Sie ist die Tochter meines Therapeuten, die jüngste von acht Töchtern, die er alle auf dieselbe Tour mit steinreichen Klienten verheiratet hat. Er hat sich zur Ruhe gesetzt, wohnt auf einer mittelprächtigen Finca in Andalusien, wo er mit seiner Frau Pferde züchtet, die er auch malt. Beide, die Frau und die Pferde. Aber die Pferde finde ich schöner.

Meine Biografie

Meine Frau hatte eine Frauenzeitschrift gekauft, und die hatte eine Enthüllungsstory über unechte Adlige drin.

»Guck mal«, sagte sie, »die schreiben, du bist gar nicht adlig.«

Ich sag: »Aha, das ist aber kein Grund, mich gleich zu duzen, Frolleinchen!« Tatsache ist, dass ich glatt vergessen hatte, dass von der Lippe nur ein Künstlername ist, ist schon so lange her, aber was soll's, bürgerlich ist auch o. k. Gut, für meine Frau ist es doof, wenn wir das nächste Mal bei der Queen sind, wenn Pippa heiratet oder Charles stirbt und die Queen sagt: »Was habe ich da gelesen, Ihr Mann ist nicht adlig?«

Diese kleine Geschichte habe ich meinem Verleger erzählt, und er meinte: »Jürgen, du musst unbedingt eine Autobiografie schreiben.«

Ich sagte: »Ich habe aber keine Lust, dass meine Frau das liest und sagt: ›Schatz, wir müssen reden.‹ Gut, ich könnte über den wichtigsten Zeitabschnitt schreiben, den, wo die Weichen gestellt wurden, die Kindheit.«

Er meinte: »Super, reicht das für dreihundert Seiten?«

Ich sagte: »Nein, aber für drei Seiten allemal.«

Er sagte: »Oder so«, und los geht's: Ich habe meine Adoptiveltern nie kennengelernt, ich hatte keine. Ich hatte normale Eltern, viele Tanten und Onkel und von Anfang an einen Sinn für komische Effekte: Einer von meinen vielen Tanten, die sich über mich beugten, nackt, also ich war nackt und ein Baby, und Dinge sagten wie: »Ja, wo isser denn?«, habe ich in den offenen Mund gepinkelt. Das schaffte Luft. Sie hat es nie wieder getan und auch keine andere Tante.

Auch als ich in die Schule kam, wollte ich von Anfang an immer nur die Mädchen zum Lachen bringen. In der Pause konnte man Milch oder Kakao kaufen. Ich wartete immer, bis eine gerade trank, und dann machte ich einen Scherz, und wenn ihr dann die Milch aus der Nase kam, das war für mich das Größte. Ich hab das einmal mit Früchtejoghurt geschafft, das war auch toll.

Mein Vater war Barkeeper in einer Stripteasebar, das hat mich natürlich auch geprägt. Das erste Mal betrunken war ich mit acht, als ich wieder nüchtern war, war ich neun, als ich dann etwas später das erste Mal mit Sexualität in massiver Form in Berührung kam, hatte ich furchtbare Angst, ich war ja auch ganz allein, mit zwölf erwischte mein Vater mich beim Rauchen. Er zog mich am Ohr ins Wohnzimmer, öffnete eine Schublade und holte eine unterarmdicke Zigarre hervor. Die zwang er mich zu rauchen. Seitdem rauche ich Zigarren. Meine Lehrer waren streng, aber ungerecht. Einer hat mich, wenn ich Scheiße baute, immer verprügelt. Aber man sah ihm an, dass ihn das selber mitnahm. Er lief bläulich an, die Adern an Hals und Schläfen traten dick hervor. Und dann kam das Schlimmste: Er verlor sein Gedächtnis, er wusste nicht mehr, wer ich war! Er brüllte: »Wer glaubst du, wer du bist?«

Ich hätte gern gesagt: »Ich bin doch auch nur ein Junge, der eines Tages vor einem Mädchen stehen wird und sie bittet, ihn zu lieben.« Aber es hätte nicht gepasst, und der Film »Notting Hill«, in dem Julia Roberts das zu Hugh Grant sagt, sollte ja erst viele Jahre später rauskommen.

Irgendwann bekam ich dann meinen ersten Kuss. Ich werde ihn nie vergessen, das Mädchen hatte eine Zigarette im Mund. Und ich war ein frommes Kind, kannte viele Psalmen auswendig, die ich bei passender Gelegenheit zitierte. So zum Beispiel als ich entjungfert wurde, Psalm 30, Vers 5: »Schweres mag eine Nacht lang dauern, aber Freude kommt mit dem Morgen.«

Dieser Hang zum Religiösen ist bis heute geblieben. Wenn ich gefragt werde: »Trinken Sie Alkohol?«, sage ich: »Nur an hohen

Feiertagen.« Dann kommt die Frage: »Was ist für Sie ein hoher Feiertag?« Und ich: »Wenn ich trinke.« Ein sogenannter Zirkelschluss.

Die Affinität zur Philosophie zeichnete sich ebenfalls früh ab. Als wir in der Schule griechische Heldensagen behandelten, war Herakles dran. Die Stelle: »Er war unbesiegbar, denn er hatte die Stärke von zehn ausgewachsenen Männern.« Ich sagte: »Warum haben sich nicht elf wackere Burschen zusammengetan und ihm den Arsch vollgehauen?«

Einmal sollten wir Märchen zusammenfassen. Ich meldete mich bei *Hänsel und Gretel* und sagte: »Nachdem Gretel die böse Hexe in den Backofen gestoßen hatte, lief sie zu Hänsel und öffnete sein Ställchen.«

Ich meine mich zu erinnern, dass der Lehrer etwas dazu sagen wollte, es aber dann gelassen hat. Aber alles in allem war die Kindheit schön, schöner als heute in den zugebauten Städten ohne Grün, wir hatten Wiesen, Felder, Trümmergrundstücke. Welches heutige Kind hat schon mal eine Ratte mit der Zwille erlegt, einen Frosch aufgeblasen oder eine Taube gegrillt? Mit Federn! Einen Hamster in die Mikrowelle stecken kann jeder. Und die Dialoge waren anders. Heute muss ein Kind sich fragen lassen: »Wieso isst du Wurst, spinnst du?« Früher wurde man gefragt: »Ey, du hast ja Wurst aufm Brot, wollen wir tauschen?«

Wir haben uns sogar um die Wurst geprügelt, aber wenn einer am Boden lag, war Schluss. Es wurde auch niemand vor die U-Bahn gestoßen, wir hatten keine U-Bahn. Verse wie »Alle Kinder gehen zu Fuß zum Friedhof, nur Hagen wird getragen« kamen später und sind wahrscheinlich wie vieles, was angeblich Jugendsprache ist, von Werbetextern ohne Job geschrieben. Es gab auch bestimmte Krankheiten nicht. Alzheimer zum Beispiel. Also gab es auch keine Alzheimerwitze wie: »Herr Doktor, wird man Alzheimer heilen können?« – »Das können Sie vergessen.«

Das ist ein Witz der Neuzeit. Wer damals alt wurde, wurde

höchstens schwerhörig. »Zwei alte Damen sitzen im Winter in einem Park auf der Bank. Sagt die eine: Die armen Vögel im Park. Und die andere: Ja, und die Reichen im warmen Bett.« Apropos: Aufgeklärt wurde man natürlich auch nicht. Aber alles mit untenrum war verboten, wir hatten aber keinen Schimmer, warum, wir glaubten ja alle an den Storch, zumindest in den katholischen Gegenden. Jeden Samstag ging man zur Beichte. Anhand des Kinderbeichtspiegels: 1. Beten, 2. Hl. Namen, 3. Hl.Messe, 4. Eltern und Vorgesetzte, 5. Zanken, 6. Unschamhaftigkeit. Das war untenrum. Und da sagte man immer: »6. Unschamhaftigkeit. Nichts.«

Ich weiß es noch wie heute: Eines Samstags kam der Klassenflegel mit diesem blöden Grinsen aus dem Beichtstuhl, ich knie noch in der Warteschleife, und er sagte zu mir: »Hassu auch wat bei sechstens?«

Und ich: »Nöö, du?«

»Ja sicher.« Und ich war so neidisch. Und als ich dran war, sagte ich einfach bei sechstens Unschamhaftigkeit: »Ich war unschamhaftig.« Bar jeder Grundlage. Und der Pastor tat einen in der Rückschau möchte ich fast sagen wohlgefälligen Schnaufer, und dann kam eine Frage, mit der ich nicht gerechnet hatte: »Allein oder mit anderen?«

Tja, wo ich schon mal dabei war, sagte ich: »Mit anderen.«

Neuer Schnaufer. »Wie viele?«

Ich: »Keine Ahnung, zehn, fünfzehn?«

Das Schnaufen wurde zum Stöhnen. Dreißig Vaterunser und vierzig Gegrüßet seist du Maria – und ich hatte keinen Schimmer, wofür.

Aber so habe ich durch die katholische Kirche als Kind schon gelernt, was das Thema Nummer Eins ist. Computer und Internet gab's natürlich noch nicht, also auch diesen Witz nicht: »Wie zeugt man Kinder? Gebärmutter anklicken, Kind downloaden.« Und weil's so schön ist, hier noch eine Zugabe aus meinem späteren Leben: Ich bin sehr spirituell und habe mich mal zurückführen lassen, und es stellte sich heraus: Ich war als Ritter bei den Kreuzzügen dabei, bin aber, sowie wir im Morgenland angekommen waren, desertiert, habe eine schöne Bauchtänzerin geheiratet, ein Restaurant aufgemacht und den drehbaren Dönerspieß erfunden, der ja dann von meiner Kneipe aus seinen Siegeszug um die Welt antrat. Und dann habe ich mich von einem Kollegen noch mal zurückführen lassen, und da war ich dann Karl May; und jetzt raten Sie mal, wen ich da im Wilden Westen getroffen habe? Pierre Brice, der war in seinem früheren Leben auch schon Winnetou.

Nach dem Schmerz ist vor dem Schmerz

89. Spielminute, Freistoß aus achtzehn Metern Torentfernung für Bennis Verein. Wenn er den verwandeln würde, bedeutete das den Aufstieg in die dritte Liga.

Benni fiel es schwer, sich zu konzentrieren.

»Wenn ihr Samstag gewinnt und du machst ein Tor, kriegst du einen Freistoß bei mir«, hatte Helga gesagt, die sich Rihanna nannte und seine Favoritin in der Villa Holderblüh war, was, wie Benni fand, ein ziemlich blöder Name für einen Nobelpuff auf dem Lande war. Aber Benni fuhr total auf die dunkelhäutige Dorfschönheit ab, die, wie sie ihm mal gestanden hatte, sich ein Leben als Spielerfrau an seiner Seite durchaus vorstellen könne, allerdings »Minimum zweite Bundesliga, darunter geht nix!«. Beim Gedanken daran schnürte es ihm den Sack zu, vor allem wenn er an die Diagnose Hodenkrebs dachte, die ihm der Onkologe, an den ihn sein Hausarzt überwiesen hatte, eröffnet hatte.

»Ist aber kein Beinbruch«, hatte der Gemütsmensch im weißen Kittel erklärt, »wir nehmen den linken Hoden weg, dann ist der Käse geschnitten, und Ihre Kameraden haben unter der Dusche nach dem Spiel was zu lachen, wir können Ihnen gegen Aufpreis natürlich auch ein Kinderüberraschungsei einsetzen. Nein, Spaß beiseite, Ernst komm her«, fuhr der Arzt, der das Motto »Humor hilft heilen« irgendwie zu ernst nahm, fort, »ich mache Ihnen da ein Silikonimplantat rein, das ist das gleiche Zeug, was man den Mädels bei den Brustvergrößerungen einsetzt, das kennen Sie ja von Rihanna« – der Arzt blinzelte Benni verschwörerisch zu –, »sieht total echt aus, fühlt sich auch so an; die neue Murmel liegt allerdings nicht so locker im Sack wie die alte, und sie reagiert nicht auf Temperaturschwankungen, das heißt, wenn Sie aus dem

Eisbad kommen, ist das Implantat fast null Grad, während der echte Hoden immer noch gefühlte fünfundzwanzig Grad hat, das fühlt sich total witzig an, da können Sie Geld für nehmen, wenn da jeder mal dranpacken darf.«

»Und wie ist es mit ...?«, stotterte Benni.

»Sie meinen Poppen? Kein Thema, nach sieben Tagen werden die Fäden gezogen, so lange sollten Sie vielleicht warten. Wenn der Druck zu groß ist, können Sie die Aktien auch vorsichtig unter der Hand verschleudern, aber nach drei Wochen können Sie die Börse wieder öffnen und kleine Helden zeugen.« Dieser Eingriff sollte nun also in drei Tagen erfolgen. Die gegnerische Mauer stand, drei von fünf Spielern hatten die Hände vor dem Genital, was Benni noch einmal einen Schauer über den Rücken jagte; der Schiri gab den Ball frei, das Gejohle der Zuschauer schwoll an, drei Mitspieler täuschten einen Schuss an, Benni tauchte aus dem Nichts auf, wollte ihn außen um die Mauer herumzirkeln, traf aber einen Verteidiger. Benni ging dem abprallenden Ball blitzartig entgegen, pflückte ihn aus der Luft, was einen Gegenspieler in die Lage versetzte, ihn vollspann ins Vergnügungszentrum zu treten; der Schiri gab Vorteil, was zum Siegtor und damit Aufstieg führte. Beides bekam Benni nicht mit, der Onkologe, Dauerkartenbesitzer und von daher Augenzeuge im Stadion, veranlasste eine umgehende Notoperation. Als Benni aus der Narkose erwachte, blickte er in die gütigen Augen des Mediziners.

»Tja mein Lieber, da war nur noch Rührei bei Ihnen, habe also gleich zwei Silikonmurmeln eingesetzt, und jetzt hab ich eine Überraschung!«

Er ging zur Tür des Krankenzimmers, das zugemüllt mit Blumen und Geschenken der Fans war, öffnete sie, und Rihanna trat ein, in einem einfachen weißen Kleid, das im Gegenlicht fast durchsichtig schien und Bennies Armbehaarung zum Aufstand brachte. Ihre Augen schimmerten feucht, als sie ihm einen Zettel reichte.

»Was ist das?«, fragte Benni schwach. »Die Rechnung für die Verlobungsringe«, sagte sie und streifte ihm seinen gleich auf den Ringfinger der linken Hand. »Aber kann ich denn überhaupt noch …«

»Poppen?«, krähte der Arzt fröhlich, »aber sicher, wir führen Testosteron zu, so bleibt die Erektionsfähigkeit erhalten, ist das gut oder ist das gut?«

»Aber Kinder werden wir nicht mehr haben können …«, sagte Benni schwach, und seine Augen wurden nass.

»Im Prinzip richtig, aber der liebe Onkel Doktor hat ein paar von den Spermaproben, die Sie abgegeben haben, eingefroren. Wenn ihr also unbedingt die Hütte voller Bälger haben wollt, null Problemo.«

Er blinzelte Rihanna verschwörerisch zu, die ihn sanft auf die Wange küsste, während Benni vor Glück weinend einschlief. Wenn das Leben sich weigert, solche Geschichten zu schreiben, muss man eben nachhelfen, sagte Jürgen Klopp; der nach seinem Abschied von Dortmund beschlossen hatte, nebenbei auch Bücher zu schreiben.

Nie erschienen

Es ist einige Jahre her, da schickte mir die Zeitschrift *Cosmopolitan* einen Sex-Fragebogen, den ich bestens gelaunt ausfüllte. Er wurde nie veröffentlicht, also in *Cosmopolitan*, was ich schade fand. Aber das hier ist mein Buch und da redet mir niemand rein.

In welchem Alter erlebten Sie Ihr erstes Mal, wo passierte es und wie war es?
Erstaunlich: *Cosmopolitan* ist weit weniger präzise als der Kinderbeichtspiegel der katholischen Kirche. Dort wird wenigstens gefragt: allein oder mit anderen.

Wie wurden Sie aufgeklärt?
Vom Religionslehrer in der Quinta des Gymnasiums, also der sechsten Klasse. Ich reinweg nichts verstanden und mich dann jahrelang einfach durchgefragt.

Welche Rolle spielt Sex in einer Beziehung?
Das kommt auf die Art der Beziehung an. Zwischen Arzt und Patient sollte Sex eine eher marginale Rolle spielen, zwischen Pfarrer und Haushälterin auch, tut er aber nicht.

Welche Bedeutung hat er im Leben eines Singles?
Auch das lässt sich pauschal nicht beantworten. Beim Papst oder einem Häftling im Einzelgewahrsam ist die Bedeutung geringer als bei einem gefragten Pornodarsteller.

Gibt es Unterschiede zwischen Sex in einer Partnerschaft und Sex in einer Affäre?
Was die Bewegungsabläufe angeht, kaum, was die Locations angeht (Wäschekammer, Teppichlager, Smart, Toilette), liegt die Affäre ganz weit vorn.

Wann ist Sex guter Sex?
Wenn es den Beteiligten mehrheitlich gefallen hat.

Wann ist Sex schlechter Sex?
Wenn es den Beteiligten mehrheitlich nicht gefallen hat.

Würden Sie eine Frau darauf hinweisen, wenn sie etwas falsch macht?
Nur im äußersten Notfall, wenn sie meine Nippel zwirbeln oder von meinem Bier trinken will.

Gibt es für Sie noch Tabus?
Das Wort ist religiösen Ursprungs und hat in der Erotik nichts verloren. Erlaubt ist, was allen Beteiligten gefällt.

Hat sich der Sex im Lauf der Jahre verändert und inwiefern?
Natürlich, es dauert alles länger, viel länger.

Paare machen oft die Erfahrung, dass die Lust mit der Zeit nachlässt. Wie gehen Sie damit um?
Die Lust lässt nicht nach, nur das Objekt der Begierde variiert häufiger. Mal ein Buch, ein Film, eine Pizza.

Was tun Sie, um die Leidenschaft am Brodeln zu halten?
Was haben Sie eigentlich für Vorstellungen von Menschen der gehobenen Altersklassen?

Wie oft pro Woche hätten Sie gern Sex – und: Haben Sie auch so oft Sex?
Teil eins der Frage: etwa sechzig bis achtzig Mal. Teil zwei: Nein.

Haben Sie eine Lieblingsstellung?
Ich habe sogar zwei.

Mit wie vielen Frauen haben Sie schon geschlafen?
Ich habe bei drei aufgehört zu zählen.

Hat sich etwas – im Vergleich zu früher – an den Einstellungen der Frauen in puncto Liebesleben verändert?
Da ich schon vor längerer Zeit aufgehört habe, die Einstellungen anderer Frauen in puncto Liebesleben zu überprüfen, muss ich passen.

Sex ist heutzutage in aller Munde und allen Medien. Wer hat wie viel? Wer praktiziert was? Meldungen über die neuesten Antörner, Potenzmittel und so weiter. Fühlen Sie sich dadurch unter Leistungsdruck?
Nein.

Haben Sie Angst, im Bett zu versagen?
Angst hat man nur vor etwas, das man nicht kennt.

Schon mal eine Panne im Bett gehabt – wenn ja, welche?
Einen Kolbenfresser.

Haben Sie schon mal für Sex bezahlt beziehungsweise könnten Sie sich das vorstellen?
Zahlen wir nicht alle irgendwie für Sex?

Würden Sie mit Frau XY ins Bett gehen, wenn Sie dadurch einen Vorteil hätten, zum Beispiel einen beruflichen?

Ich bin Freiberufler, da reicht es, wenn Frau XY mir wirklich sehr gefällt.

Ödipus

Meine früheste hochkulturelle Erinnerung ist ein gemeinsamer Museumsbesuch. Also ich mit meiner Mutter. Sie war die treibende Kraft, ich wollte ins Freibad. Sie sagte: »Denk doch mal nach!« Der Spruch rangiert auf der Top-Ten-Liste mit blöden Elternsprüchen zwischen Platz zwei und drei. »Denk doch mal nach, es ist Januar!« Da muss ich nicht nachdenken, da guck ich in die Zeitung, auf meine Uhr oder das Handy, und dann weiß ich das.

»Weiß ich«, sagte ich also, »und?«

»Da haben Freibäder zu.«

»Warum?«

»Zu wenig Nachfrage.«

Ich fragte nicht weiter nach, und so landeten wir im Museum. Moderne Kunst. Schon das zweite Bild fand ich toll. Rückschauend sage ich: So sah es in meiner Mikrowelle aus, als ich mal versucht habe, zwei Eier hart zu kochen. Damals fehlten mir die Worte, es gab ja noch keine Mikrowellen. Aber meine Mutter sagte einen Satz, der in meiner Kinderseele den Grundstein für eine nicht nur positive Einstellung legte: »Also dat könntest du auch, nur besser!«

Ich habe nie gemalt. Meine Psychiaterin hat mir das später mal so erklärt: Mutter fand das Bild so scheiße, dass sie sogar mir zutraute, ein schöneres zu malen. Ich fand das Bild aber klasse. Die Botschaft, die bei mir ankam, war also: Alles, was irgendjemand toll macht, kann ich besser. Und Ödipus hat seinen Senf sicher auch noch dazugegeben. Als die Bayern das Elfmeterschießen gegen Dortmund im Pokalhalbfinale versemmelten, saß ich mit meinem Sohn vor dem Fernseher und sagte fünfmal: »Dat kann ich auch, nur besser.«

Mein Sohn erwiderte: »Schon klar.«

Nun trug es sich zu, dass in der Stadt Kirmes war, mit allem Zipp und Zapp. Ich fragte also: »Sohn, wollen wir auf die Kirmes gehen und gucken, ob den Leuten bei den Kopfüberfahrgeschäften Geld aus der Tasche fällt?«

»Nein, lass uns lieber ins Freibad gehen!«

»Warum das denn?«

»Da kann man doch viel besser klauen.«

Zwei Empfindungen rangen miteinander um die Vorherrschaft in meiner Vaterbrust: Sorge ob der kriminellen Energie meines Kindes und Freude über die jähe Erinnerung an einen alten Witz, den ich einmal sehr geliebt habe: Sitzen zwei Pillemänner im Freibad, sagt der eine: »Kommst du mit ins Wasser?« Sagt der andere: »Und wer passt auf unsere Säcke auf?«

Also sagte ich: »Das Freibad läuft uns nicht weg, da können wir auch noch im Januar hin, die Kirmes ist nur zwei Wochen hier.«

»Gut, aber nur, wenn du alles mitmachst.«

Warum ich sagte: »Worauf du einen lassen kannst«, darüber soll sich meine Psychiaterin Gedanken machen. Wir diskutierten am Eingang kurz die Frage: »Zickzack oder links hin und rechts zurück?«, und entschieden uns für Letzteres. Haben Sie schon mal Pommes in Motoröl frittiert? Sie nicht, ich nicht, aber der Schrat in der Pommesbude. Das Angebot, die Dinger gegen mein Geld zurückzutauschen, schlug er aus. Die nächste Station war eine Zuckerwatte-Manufaktur. Zuckerwatte ist süß und klebt. Und ich war gerade dabei, mir einen Vollbart wachsen zu lassen, achtzehnter Tag. Nicht gut. Aber jedes Schlechte hat sein Gutes, sagt der Talmud, und so konnte ich an der Schießbude wenigstens etwas Zeit gewinnen, indem ich sagte, was ist das denn für eine eklige Knarre, der Kolben klebt ja richtig, hier, fühlen Sie mal!«

Nachdem ich drei Gewehre eingesaut hatte, sagte mein Sohn: »Jetzt bin ich dran.« Drei Schuss, zwei Treffer, weil ich ihn beim dritten Schuss unauffällig anstoßen konnte.

Auf dem Weg zum Autoscooter sagte ich: »Wenn du eines Tages Kinder hast, versprich mir, dass du meine goldene Erziehungsregel befolgst: Verschaff deinem Kind, wann immer es geht, ein Erfolgserlebnis!«

»Schon klar.«

Beim Autoscooter sagte der Typ an der Kasse, als ich zwei Chips orderte: »Ihren Führerschein, bitte!«

»Ich sagte: »Seit wann muss man hier die Pappe zeigen?«

»Müssen auch nicht alle, nur die Geizigen.«

Ich verstand den Wink und nahm fünf Chips. Der Scooter war halb voll, wir suchten uns einen optisch besonders ansprechenden Wagen; ich setzte mich ans Steuer und hatte den Knaben wohl fest im Arm, wie es im Erlkönig heißt. Irgendein Pannemann hatte das Ding auf rückwärts gekurbelt, und so dauerte es einige Zeit, bis wir die Fahrflächenmitte ansteuerten. Ich hatte nur Augen für eine herbe Schönheit mit Tochter im Wagen vor uns und wurde deshalb von der Attacke eines Penners mit Glatze und Sonnenbrille total überrascht. Einer von meinen vier Restchips flog auf die Fahrbahn. Ich sagte: »Sohn, du übernimmst und fährst immer um den Chip rum, bis ich ihn habe«, und stieg aus.

Mein Sohn tat, wie ihm geheißen, alles ging gut, nur als ich wieder einsteigen wollte, rammte die Arschgeige von vorhin uns noch mal, sodass ich in hohem Bogen aufs Blech flog. Zum Glück war die Fahrt in dem Moment zu Ende. Zwei zum Mitreisen gesuchte junge Männer wollten mir aufhelfen, ich schüttelte sie ab und steuerte die Glatze an. »Sportsfreund«, sagte ich mit der Stimme, die ich zum Synchronisieren von Clint Eastwood verwenden würde, »ich habe während des Vietnamkriegs geboxt, möchtest du eine Linke auf die Leber oder eine Rechte aufs Geäse?«

»Gegenvorschlag«, sagte er, »ich gehöre zu der Boxbudentruppe, wir fangen um achtzehn Uhr an und ich lade dich herzlich zu drei Runden ein. Wenn du gewinnst, fünfzig Euro.«

»Au ja, Papa, das machen wir!«

Und wie das ausging, ist eine andere Geschichte. Im Film heißt so was »Cliffhanger« – und damit in die Werbung.

Religion

Über Religion kann man nicht streiten, sie ist Privatsache. Ursprünglich ist die Annahme einer Gottheit vermutlich deswegen entstanden, weil sie auf einen Schlag all das erklärte, was man nicht verstand, und das war schließlich so gut wie alles. Natürlich versah man die vielen Gottheiten der Vergangenheit mit menschlichen Eigenschaften, andere kannte man ja nicht, der Mensch schuf, wenn man so will, Gott nach seinem Ebenbild. Deswegen ging es auch im griechischen Götterhimmel hoch her, man denke an den ewig geilen Zeus, der sich in einen Schwan verwandelte, um bei Leda zu landen; da muss man erst mal draufkommen. Bei den Römern oder Germanen sah es nicht anders aus. Und dann war mein Leib- und Magenphilosoph Epikur der Erste, der sich von den Göttern distanzierte, und zwar hat er das seinen Jüngern sehr geschickt verkauft, er sagte: »Klar gibt es die Götter, aber die machen ihr Ding, die sind an uns nicht weiter interessiert, da kümmern wir uns gar nicht drum.«

Ähnlich hat er beim Tod argumentiert, indem er sagte: »Betrifft uns nicht, wenn er da ist, merken wir's schon nicht mehr.«

Und seine Ethik finde ich besonders einleuchtend und praktikabel: »Mach dir's richtig nett, lege aber den Schwerpunkt auf die einfachen Dinge und vor allem auf die geistigen, und bedenke bei allem, was du tust, um dir Genuss zu verschaffen, ob nicht negative Spätfolgen die momentane Freude überwiegen.« Das ist nicht gerade philosophischer Hurrastil wie das »Carpe diem« vom ollen Horaz, wirkt sogar etwas beamtenhaft, aber bis jetzt bin ich damit eigentlich sehr gut klargekommen.

Jeder soll nach seiner Fasson selig werden, hat der Alte Fritz gesagt, das bedeutet aber auch, dass jeder sich seine eigenen Vorstellungen machen darf, was selig bedeutet, sprich: Wie sieht es im Jenseits aus, wenn es das denn gibt. Das ist nämlich immer die erste Entscheidung, die man irgendwann mal trifft: Kann ich mit der Vorstellung leben, dass es kein »Nachher« gibt, dass nach unserem irdischen Leben endgültig alles aus ist, oder macht es mir das Leben leichter anzunehmen, dass noch was kommt. Folgt man dabei einer der großen verbreiteten Glaubensrichtungen, kommt es zumeist knüppeldick. Das Christentum droht mit Fegefeuer und Hölle, wenn man Scheiße gebaut hat, wobei am konkretesten Dante in seiner göttlichen Komödie wird. Der Buddhismus verspricht uns etliche Wiedergeburten, die sich je nach Art und Schwere des Fehlverhaltens im vorherigen Leben auf sehr viel tieferen Ebenen abspielen; man kommt also womöglich nacheinander als Seegurke, Nacktmull und Königspudel wieder, bis man endlich das Nirwana erreicht, also seine ewige Ruhe hat, aber immer ist die Vorstellung im Spiel: »Wenn du nicht artig bist, setzt es was.«

Artig sein heißt dabei, ethisch korrekt leben, und das hat der olle Kant im kategorischen Imperativ festgelegt: Handle so, dass die Maxime deines Willens jederzeit allgemeines Gesetz werden könne. Zweieinhalbtausend Jahre früher hat Konfuzius es etwas einfacher ausgedrückt: »Was du nicht willst, das man dir tu, das füg auch keinem anderen zu.«

Dabei kommen eigentlich alle auf ihre Kosten bis auf die Masochisten, aber ein bisschen Schwund ist immer. Der finnische Autor Arto Passilinna entwickelt in seinem hinreißenden Roman *Im Jenseits ist die Hölle los* ein tolles *Post-vitam*-Szenario: Die Seele existiert je nach Entwicklung der Geistesgaben weiter, Tiere und Babys verschwinden praktisch sofort, besonders helle Köpfe, auch aus der Steinzeit, leben auch mal ein paar Jahrtausende weiter, man kommuniziert, kann überallhin und sich alles auf der Welt angucken, kann sich sogar in die Gedankenwelt der Lebenden einschleusen bis zu einem gewissen Grad; man kann sich verlieben, sogar Jesus taucht auf und hält Vorträge, ist aber weniger Gottes Sohn, sondern eher so eine Art Joschka Fischer des Jenseits. Gott spielt, ähnlich wie bei Epikur, keine Rolle.

So angenehm die Vorstellung ist, dass es keine Hölle gibt, in der man schmort, und keinen Himmel, in dem man den ganzen Tag frohlocken muss, es gibt sicher viele, die enttäuscht wären, nämlich die Gutmenschen, die ihr ganzes Leben nach dieser Vorstellung ausgerichtet haben. Die würden komplett austicken, da wäre die Hölle los – Gandhi zu Gott: »Wissen Sie, mit wem ich eben an einem Tisch sitzen musste in der Cafeteria? Mit Hitler, Stalin und Dschinghis Khan. Ich und diese Leute im selben Raum, und daran könnte man auch nichts ändern, hieß es! Ist Ihnen eigentlich klar, dass ich in meinem Leben nie ein Auto hatte, keinen Urlaub, keine Weiber, nichts, niente, also wenn ich das gewusst hätte, da hätte ich es aber anders krachen lassen. Lassen Sie mich wenigstens eine Woche auf die Erde zurück!« Kurzum: Der wäre so sauer, würde anschließend noch einen Streit mit Mutter Theresa anfangen, darüber, wer weniger gegessen hätte.

Russisch Tortelett

Ich bin nicht so jung, wie ich aussehe, letztens feierte ich meinen dreiundsechzigsten Geburtstag. Nichts Großes, dreiundsechzig Gäste, das ist so eine Marotte von mir, Anzahl der Gäste gleich vollendete Lebensjahre, und außerdem bin ich Hardcore-Romantiker, das heißt, ich möchte keine unpersönlichen Spenden an irgendwelche Organisationen, nur Sachgeschenke mit persönlicher, handgeschriebener Glückwunschkarte des Schenkenden. Dann lasse ich beim Auspacken den Betreffenden vortreten und kommentiere das Geschenk: »Ah, ein Apfelkernhausausstecher, wunderschön, so einen habe ich noch nicht, der wird das Prunkstück meiner Apfelkernhausausstechersammlung. Vielen Dank, mein Lieber.« Oder: »Ah, mal was anderes, eine Flasche Wein, das wird ja was ganz Besonderes sein, ein Dornfelder aus Baden-Württemberg, super, von diesem Jahr, toll, ich wusste gar nicht, dass die schon im Handel sind, da ist ja auch das Preisschild noch dran: 3,95 Euro, da fehlen mir die Worte!«

Und so kriege ich zwei Stunden spielend rum, und da ich für gewöhnlich erst um neun Uhr nach dem Essen anfange, kann ich nach der Bescherung rufen: »Letzte Bestellung!«, und das war's dann. Normalerweise.

Dieses Mal wollte ich eigentlich gar nicht feiern, ich habe ja schließlich nichts Großes geleistet, außer nicht zu sterben. Um älter zu werden, braucht man nichts weiter als Geduld. Nun hatte Wochen vorher meine Frau aber angekündigt, sie könne an meinem Geburtstag nicht da sein. Da war mir klar: Sie plant eine Überraschungsparty. Und wenn ich eins hasse, dann das. Da liegt kein Segen drauf. Ein Freund von mir hat das seiner Frau mal geglaubt, dass sie an seinem Geburtstag nicht da sein würde, hatte daraufhin beschlossen, es sich ein bisschen nett zu machen, und im Anzeigenteil der Zeitung gefunden: Junge, bildhübsche Thai verwöhnt diskret auch bei dir zu Hause. Er hatte also einen Termin gemacht, die beiden sind zugange, da taucht seine Frau auf, um ihn zu der Überraschungsparty zu holen. Er hat zwar noch versucht, was zu retten, hat gesagt: »Das ist eine Spitzenköchin aus einem thailändischen Spitzenrestaurant, die wollte exklusiv für mich hier was kochen, hat aber die Kiste mit den Zutaten vergessen, und dann haben wir überlegt, wie sie mich entschädigen könnte …« – na ja, er ist dann allein in die Kneipe gefahren, wo die ganzen Freunde warteten, und hat denen dann erzählt, dass er ab jetzt wohl wieder Single wäre, und so wurde es dann doch noch ein richtig netter Abend. Und um das zu vermeiden, habe ich dann die Organisation selbst in die Hand genommen. Meine Frau tauchte dann kurz vor Mitternacht auf mit ihrer Überraschung: sechs riesige Torten wurden reingerollt, und meine Frau sagte: »Das ist russisch Tortelett. In einer Torte ist eine Stripperin, die anderen sind leer. Du zeigst jetzt mit dem Finger drauf, sagst zur Sicherheit auch laut die Nummer der Torte und dann lassen wir uns einfach überraschen.«

Das habe ich dann gemacht, habe auf die Vier gezeigt und gerufen: »Nummer vier.« Und das Tortenoberteil wurde abgenommen und eine wunderschöne Frau entstieg der Torte. Wunderschön in dem Sinne, dass sie das vielleicht mal war, jetzt war sie dreiundsechzig, also mein Alter. »Das wäre ja der Gag«, wie meine Frau betonte, und dann begann die Stripveteranin mit ihrer reichlich arthritischen Darbietung. Nachdem sie sich entblättert hatte und alle nicht mehr wussten, wo sie hingucken sollten, setzte sie sich auf meinen Schoß, und ich musste ihr den welken Arsch mit Babyöl einreiben, dabei habe ich mir natürlich die ganze Hose versaut. Natürlich wurde der ganze Vorgang auf Video aufgezeichnet. Ich habe meine Frau dann später gefragt: »Woher wusstest du, dass ich die vierte Torte wählen würde?«

Sie meinte: »Du Dummchen, es war natürlich in jeder Torte eine ältere Dame versteckt, das war ein ganz schön teurer Spaß.«

Seitdem überlege ich, was ich ihr an ihrem Geburtstag antun kann. Gibt es bei den Chippendales überhaupt eine Seniorenabteilung? Und wenn nicht, hat jemand eine andere Idee? Bitte melden.

Schneeballsystem

»Papa, was ist ein Schneeballsystem?«

»Oh, muss das sein, Emil, ich versuche hier ein Sudoku zu lösen, bei dem ich fünftausend Euro gewinnen kann.«

»Wenn du gewinnst, krieg ich dann die neue Playstation und das Mountainbike?«

»Nein, denn du lässt mich das Scheißrätsel ja nicht in Ruhe lösen.«

»Wenn du mir Schneeballsystem erklärst, lasse ich dich bestimmt in Ruhe. Ach so, unser Lehrer hat übrigens heute gefragt, ob wir schon aufgeklärt sind.«

»Und was hast du gesagt?«

»Nein.«

»Wie nein, hat deine Mutter dich noch nicht … Heidi!«

»Mutter ist doch ausgezogen. Wann kommt sie wieder zu uns zurück?«

»Du musst dich jetzt mal entscheiden, was du wissen willst, alles geht nicht, also Schneeballsystem oder Aufklärung oder wann deine Mutter geruht zurückzukommen!«

»Weiß nicht!«

»Gut, dann machen wir Aufklärung und Schneeballsystem in einem Aufwasch. Also: Zwei Leute haben Sex und stellen sich gleichzeitig jemanden dabei vor, also der Mann stellt sich eine andere Frau vor und die Frau einen anderen Mann.«

»Warum?«

»Damit sie scharf werden.«

»Wie?«

»Ja, wie wie, wenn man jemanden poppen will, den aber gar nicht so doll findet, dann hilft es, wenn man sich jemand anders vorstellt, eine Filmschauspielerin, die man toll findet, eine Sängerin, ein anderes Mädchen aus der Klasse oder die Lehrerin. Das macht man beim Wichsen ja auch, wenn man gerade nicht online ist.«

»Was ist wichsen?«

»Sag mal, was lernt ihr eigentlich in der Schule, muss ich denn alles selbst machen? Also jetzt nehmen wir mal an, die Frau stellt sich Brad Pitt vor und der Mann Jennifer Lopez, und es läuft wunderbar. Gleichzeitig liegen in der Realität Brad und Jelo im Bett und wollen poppen, Brad stellt sich dabei George Clooney vor und Jelo auch, und es läuft wunderbar. Gleichzeitig sitzt George Clooney in seinem Whirlpool, zuppelt an sich rum und stellt sich Shirley McLane vor, und immer so weiter, das ist ein Schneeballsystem. Hast du das verstanden?«

»Ja, und was ist jetzt poppen?«

In diesem Moment kehrte die Mutter zurück, klärte den Jungen auf, der Vater löste in Ruhe das Sudoku, gewann fünftausend Euro, der Junge bekam seine Wünsche erfüllt, und wenn sie nicht gestorben sind, dann wird es langsam Zeit.

Sex und Humor

Sprechen wir über einen Spezialfall der Sprache: Humor und Sex. Frauen sagen in allen Umfragen, bei ihrem Partner ist ihnen Humor besonders wichtig. Später ist dann der häufigste Satz: »Du hast nur Blödsinn im Kopf, kann man denn mit dir kein vernünftiges Wort reden?« Humor zur Unzeit ist kontraproduktiv. Ich als Berufskomiker bin da besonders anfällig. Man versucht ja auch in lange andauernde Beziehungen ab und zu frischen Wind zu bringen. Die treibende Kraft ist da meist die Frau. Die meinige sprach unlängst: »Geh und kauf Reizwäsche!« Also ging ich und kaufte Reizwäsche, für mich. Ich muss noch einmal betonen, dass ich berufsbedingt automatisch bei allem den Humorgedanken mitbediene, und so stand ich in diesem Fachgeschäft, und mein Blick fiel auf einen Motivschlüpfer, der mein Wohlgefallen erregte, es gibt ihn wohl schon lange, ein Dauerbrenner also, ein Slip mit so einem Elefantenrüssel. Voller Vorfreude lief ich heim, und siehe: Es war ein Fiasko, ein Schlag ins Wasser, meine Frau sagte: »Das ist kindisch, zieh das sofort aus, wer soll denn da Gefühle entwickeln?«

Ich habe ihn dann dem Roten Kreuz gespendet und das ganze Konzept Reizwäsche noch einmal überdacht und denke jetzt, es ist ein Denkfehler: Man kennt das doch von Weihnachten: Auspacken macht nur Spaß, wenn man nicht weiß, was drin ist. Die ganze Reizwäsche können Sie sich also schenken. Aber der Erfindungsreichtum auf diesem Sektor ist enorm. Ich hab mal gelesen, im tropischen Regenwald benutzen die Frauen Bambusrohre, die mit Bienen gefüllt und mit Wachs verschlossen werden. Risiko. Das nenne ich Nervenkitzel. Das sollten sie mal im Dschungelcamp einführen, da würde ich vielleicht auch gucken.

Aber es gibt ja auch weniger gefährliche Möglichkeiten. Letztens kam meine Frau an und wollte Rollenspiele machen, ich sag, o. k., aber nicht, dass ich als Supermann vom Schrank springen soll, wo ich letztes Jahr den Bandscheibenvorfall …

»Nein«, sagt sie, »ich fände es schön, wenn wir beide so tun, als wäre es für uns beide das erste Mal überhaupt.«

Ich sag: »Das ist aber schnell zu Ende, ich mach mich frei, und du sagst: Sag: ›Geh weg mit dem Unding, willst du mich töten?‹«

Das sollte ein Witz sein, aber meine Frau war verstimmt.

Sie sagte: »Gut, wenn du zu wenig Fantasie hast, dann sag ich dir genau, was wir machen, ich spiele eine Hausfrau und du den Klempner.«

Ich verkniff mir zu sagen, ah, Klempner, Scheiße, Gas und Wasser, stattdessen hatte ich sofort ein Bild vor Augen, Hape Kerkeling im Kittel als Klempner, und es brach mit der Stimme von Horst Schlämmer aus mir raus: »So, Schätzelein, das wäret dann, das Rohr ist verlegt, das macht dann für die Anfahrt achtzig Euro, eine Stunde Arbeit hundertzwanzig Euro, eine Gummidichtung zwölf Euro plus Wochenendzuschlag wären das zwohundert Euro, die meisten runden auf, jeht dat so oder brauchste 'ne Rechnung?«

Ich sage es noch mal. Liebe Männer, ein Rat: Versuchen Sie nie, in emotional aufgeheizten Situationen im häuslichen Rahmen komisch zu sein, es besteht keinerlei Nachfrage. Obwohl ich das weiß, passiert es mir immer wieder, ist natürlich eine Berufskrankheit.

Letztens wieder, meine Frau sagt: »Schatz, ich habe eine neue Creme.« Da hätte ich noch gehen können. Müll runterbringen, einkaufen, irgendwas. Aber nein, ich blieb. Und sie fuhr fort: »Wenn man die in die Oberschenkel einmassiert, kriegt man dünnere Oberschenkel.« Und statt die Fresse zu halten, quatsche ich nach, was mir dieser Comedykobold auf meiner rechten Schulter einflüstert: »Kriegt man dann nicht auch dünnere Finger?« *L'Allemagne: zero point.*

Die richtige Antwort wäre natürlich gewesen: »Schatz, was willst du mit dieser Creme? Du hast die schönsten Oberschenkel der Welt, sie bewegen sich wie stahlglänzende Pleuelstangen im Widerlager deines Schoßes, dafür müsste Gott mit Designerpreisen zugeschissen werden.«

Zurück zur Klempnernummer: Meine Frau wurde also noch ungehaltener, aber ich gebe ja dann auch nicht auf. Ich dachte, ich muss sie doch irgendwie aufheitern können, und sagte: »Was hältst du davon, wenn ich den Zalando-Mann spiele?«

Mit einem Mal kam wieder Leben in die Frau, ihre Augen leuchteten, als sie sagte: »Wie geht das denn?«

»Ich komme und du schreist vor Glück.«

Das war natürlich noch schlimmer als nur der vergebliche Versuch, witzig zu sein: Ich hatte einen Urinstinkt geweckt, der stärker ist als der Geschlechtstrieb: das Verlangen nach Schuhen. Sie hört Zalando und denkt, ich habe eine Kiste Schuhe für sie versteckt. Das ist ja auch so ein Frauending, immer beschenkt werden wollen.

»Schatzi, hast du mir was mitgebracht?«

»Mausi, ich komm vom Klo!«

Ich habe dann mein letztes Ass aus dem Ärmel geholt und gesagt: »Jetzt hab ich's, da wirst du ausflippen, ich mach dir den Peter Maffay!« und habe sofort losgelegt: »Ich spüre ein riesengroßes Begehren, ich brauche dich wie das täglich Brot, begreifst du das, ich verzehre mich nach dir, du treibst meine Betriebstemperatur in den Grenzbereich, ich will deine Brüste an meinen Ohren spüren.«

Als ich aufsah, hatte sie das Haus schon verlassen.

Sexfremdwörter

Ich habe gedacht, ich hätte von allem, was mit Sex zusammenhängt, zumindest schon mal gehört. Bis ich auf das Buch *Wo lassen Nudisten ihr Wechselgeld?* von Mitchell Symons stieß. Dort gibt es eine Liste von Sexualpraktiken, mit denen man ein Jahr lang locker beim Small Talk über die Runden kommt. Los geht's mit »Allorgasmie«. Diesen Begriff schmeißt man in die Runde und lässt raten, was es ist. Sicher kommt einer mit: »Det is eener, den einfach allet errescht, im Jrunde wie bei mir!« Dem erklärt man dann, dass der erste Teil »All« nicht vom deutschen »alles« kommt, sondern von griechisch »allotrios«, fremdartig, nicht zur Sache gehörend. Wir kennen das von dem leider fast ausgestorbenen Wort »Allotria«, was bekanntlich Spaß, vergnüglicher Unfug bedeutet. »Allorgasmien« sind demnach Sexfantasien, die nicht den eigenen Partner betreffen. Und jetzt wird der Kollege von vorhin sagen: »Sexfantasien betreffen nie den eigenen Partner.« Und da ist was dran. Fantasien sind Wunschvorstellungen, die in der Regel unerfüllt bleiben. Zu meiner Frau kann ich sagen: Schatz, ich stelle mir gerade vor, wie wir beide uns kopfüber an der Schlafzimmerlampe hängend lieben. Dann wird sie sagen: »Worauf wartest du noch, lass uns zum Baumarkt fahren und extradicke Dübel für die Lampe besorgen.« Nur wenn ich mir vorstelle, wie ich mit Jennifer Aniston von unserer Lampe herunterhänge, ist es eine »Allorgasmie«. Also braucht man das Wort bei Licht betrachtet nicht, es ist also ein Luxuswort.

Anders als »Antholagnie«. Wo immer der Autor das Wort herhat, im Internet habe ich nichts gefunden, aber egal: Es bedeutet sexuelle Erregung durch Blumen. Und das Wort sagt ja auch nichts darüber aus, ob Frauen, Männer oder beide erregt werden, also gehen wir mal von beiden aus. Wie merkt man diese Veranlagung? Beginnt das ganz sanft damit, dass man anfängt, mit Blumen zu reden? Frauen machen das wesentlich häufiger als Männer, der einzige Mann, von dem man es weiß, ist Prinz Charles. Wenn Sie sich also häufiger dabei ertappen, dass Sie Ihrem Gummibaum zuraunen: »Na, du kleine süße Sau, soll Papa dich feucht machen?«, wissen Sie Bescheid.

Damit sind wir bei der Frage: Wie kommt der Floraphile zum Höhepunkt? Man weiß, dass weibliche Orang-Utans sich Dildos aus Zweigen basteln, aber was macht der Mann? Für den Masochisten bieten sich fleischfressende Pflanzen an, die Venusfliegenfalle und die Wasserfalle arbeiten mit Klappfallen, also Blättern, die sich, nachdem sie an der Innenseite berührt wurden, innerhalb von zwei Sekunden schließen. Danach wird die Beute eine gute Woche lang verdaut. Da muss man dann halt Urlaub nehmen. Kakteen bieten theoretisch Möglichkeiten für Mann und Frau, man sollte sie aber auf alle Fälle erst rasieren.

Weitaus risikoärmer ist sicher die »Melolagnie«, die sexuelle Erregung durch Musik, vielleicht ist es ja das, was Helene Fischer mit »Atemlos« meint, die »Erotographomanie«, die Erregung durch Verfassen von Liebesbriefen oder Liebesgedichten, und die »Moriaphilie«, die Erregung durch das Erzählen von unanständigen Witzen. Da muss ich siebenundsechzig Jahre alt werden, um zu erfahren, dass ich im Laufe meines langen Berufslebens Millionen von Menschen sexuell erregt habe.

Machen wir einen Versuch, ich erzähle einen Witz, und wir gucken, was er bewirkt: Ein Liebespärchen liegt gerade im Bett. Plötzlich hören sie Schritte auf der Treppe. »O Gott, mein Mann!« Er springt schnell aus dem Fenster im Erdgeschoss. Eine Weile sitzt er im strömenden Regen und weiß nicht so recht, was er tun soll. Als eine Gruppe Jogger vorbeikommt, ergreift er die Gelegenheit und schließt sich ihnen an.

»He, joggen Sie immer so nackt?«

»Ja«

»Und – immer mit Kondom?«

»Nein, nur bei Regen!«

Möglicherweise werden jetzt die gendersensiblen Leserinnen und Leser einwenden, dass hier die Frau nur in einer passiven Nebenrolle stattfindet, also unterrepräsentiert ist, also noch ein Witz, der die Frau in der Hauptrolle sieht:

Wie nennt man Oralsex zu Silvester? »Dinner for one.«

Ein Scherz, verzeihen Sie, hier kommt der richtige Witz: Geht ein junges Pärchen über eine Wiese. Plötzlich landet direkt vor ihnen ein Ufo und zwei grüne Wesen, ein Männchen und ein Weibchen, steigen aus. Nachdem sich die vier einige Zeit angeregt unterhalten haben, meint der Außerirdische: »Wir können ja mal einen Partnertausch machen.« – »Ja, warum nicht?«, meinen alle. Der Mann geht also mit dem grünen Mädchen hintern Busch, sie verschwindet mit dem grünen Typen hinterm Baum. Das grüne Männchen zieht sich aus, und die Frau guckt enttäuscht auf den Stummel zwischen seinen Beinen: »Wie, das ist alles?« – »MOMENT!«, sagt der Außerirdische, dreht einmal an seinem linken Ohrläppchen, und schon wird das Ding länger und länger … »Na ja«, sagt sie, »aber ein wenig dünn ist er ja noch immer!« – »MOMENT!«, sagt der Grüne wieder, dreht am rechten Ohrläppchen, und das Teil wird immer dicker … Später trifft sich das Pärchen wieder. »Na, wie war's bei dir?«, fragt der Mann.

»Waaahnsinn!«, meint sie. »Und bei dir?«

Darauf der Mann: »Ich fand's langweilig. Die hat mir die ganze Zeit nur an den Ohren rumgespielt!«

Sheldonismen

BigBang Theory ist eine Kult-Sitcom, die eine Handvoll Naturwissenschafts-Nerds mit dem normalen Leben konfrontiert, an dem sie meist ungemein amüsant scheitern. Dr. Dr. Sheldon Cooper ist der Obermotz und ihn erkläre ich hiermit zum Schutzheiligen der Klugscheißer de luxe.

»Due espressi per favore.«

»Sorry, aber espressi sagt man im Italienischen eigentlich nicht.«

Das ist der Normalo-Klugscheißer. Bei Sheldon geht die Belehrung immer mit einem komödiantischen Mehrwert einher. Wenn die Sprache die Kleidung der Gedanken ist, wie Samuel Johnston es einmal formulierte, gewandet er seine gar prächtig und oft mit diesem Schuss Altjüngferlichkeit, den wir auch an Karl Lagerfeld so schätzen, der ja auch Schrulligkeit, Kompetenz und Aus-der-Zeit-gefallen-Sein aufs Possierlichste miteinander verbindet.

Diese Attitüde ist hervorragend geeignet, einen Aggressor ins Leere laufen zu lassen: »Du bist so ein Arsch, Peter!«

»Ich bin sicher, wenn du diesen Satz aufschreiben müsstest, würdest du das Komma vergessen.«

Das könnte ein klassischer Sheldonismus sein. Aber lassen wir einfach einige Originalzitate auf uns wirken.

Leonard: »Ich hoffe, du hast Hunger.«

Sheldon: »Seltsam. Ein Ausdruck der Freundlichkeit in unserem Land, grausamer Hohn im Sudan.«

Dieser Dialog repräsentiert den Typus Stimmungskiller, den Sheldon wohl am häufigsten einsetzt. Es ist so, als würde man beim Betreten eines fremden Hauses anlässlich einer Einladung sagen: »Riecht komisch hier, ist jemand gestorben?«

So brachial ist Sheldon meistens nicht, schon gar nicht so: »Schönes Wetter heute!«

»Ja, genau das Richtige zum Ficken.«

Das würde er nie sagen, schon aus Mangel an einschlägiger Erfahrung, die Überzeichnung soll nur die Intention verdeutlichen.

Seine distanzierte Haltung zu gewöhnlichem Sex erhellt aus folgendem Dialog:

Sheldon: »Ich habe sehr wohl Kenntnis darüber, wie sich die Menschheit reproduziert. Aber es ist schmutzig, unhygienisch und, basierend auf der dreijährigen Nachbarschaft mit dir, geht es mit lauten, unnötigen Anrufungen an eine Gottheit einher.«

Penny: »O Gott!«

Sheldon: »Ja, ganz genau das.«

Das erinnert mich an einen Militärwitz aus der Kaiserzeit. Ein junger Leutnant geht in den Puff, um sich entjungfern zu lassen. Auf die Frage, wie's war, sagt er am nächsten Tag: »Preis indiskutabel, Bewegungen eines deutschen Offiziers unwürdig.«

Die Frage, was tragischer ist, kann man stellen; bei Sheldon haben wir das Saure-Trauben-Syndrom, etwas Unerreichbares oder zumindest bisher nicht Erreichtes wird schlechtgeredet, im zweiten Fall Anhedonismus, Unfähigkeit, Spaß an der Sache zu empfinden. Zweimal wird etwas kommentiert, was so gut wie jeder mag, jedes Mal aus anderer Warte, zweimal ist es komisch. Aber weiter zum nächsten Sheldonismus.

Penny: »Leonard ist nicht der Typ Junge, mit dem ich normalerweise ausgehe.«

Sheldon: »Leonard ist nicht der Typ Junge, mit dem irgendjemand normalerweise ausgeht.«

Ein Aggro-Klassiker: »Du magst mich nicht.«

»Stimmt.«

»Warum nicht?«

»Keiner mag dich.«

Eine Verlagerung des Problems vom Persönlichen ins Allgemeine. Oder vom Psychologischen ins Mathematische? Nein. Eher vom Einzelfall ins Grundsätzliche, sodass der Grund fürs Nicht-gemocht-Werden definitiv beim anderen liegt. Er hat also selber schuld an seinem Unglück.

Ähnliches findet sich bei dem oft gehörten Diskussionsbeitrag: »Und da bin ich weiß Gott nicht der Einzige, der so denkt.«

Da könnte man dann beispielsweise erwidern: »Woran man sieht, dass Intelligenz und Mehrheit einander meist ausschließen.«

Penny: »Wollt ihr raten, was gerade passiert ist?«

Sheldon: »Ich rate nie! Als Wissenschaftler ziehe ich Schlussfolgerungen auf der Grundlage von Beobachtungen und Experimenten. Andererseits ist mir gerade der Gedanke gekommen, dass das eine rhetorische Floskel war, die eine Antwort meinerseits erübrigt.«

Das geht allerdings eleganter. Da könnte man gleich zu Anfang, wenn der Mitteilungsbedürftige schon weitermachen will, reingrätschen und sagen: »Stopp, stopp, stopp, du musst uns schon Zeit geben zu raten, Günther Jauch löst ja auch nicht sofort auf, er sagt: ›Ratet mal, was mir gerade passiert ist: Ich habe a) eine alte Freundin wiedergetroffen, in die ich mal verliebt war und sie ist frisch geschieden, b) einen alten Freund wiedergetroffen, der mir noch Geld schuldet, und er hat gerade im Lotto gewonnen, c) meine Mutter hat mir erzählt, dass ich eigentlich adoptiert worden bin, die Leute mich aber zurückgegeben haben, d) ich habe mich gefühlt wie bei Voice of Germany, habe in der U-Bahn einen fliegen lassen, und vier Leute haben sich umgedreht.‹«

Zurück zu Sheldon.

»Einmal, als ich fünfzehn war, habe ich den Sommer an der Heidelberger Uni in Deutschland verbracht.«

Penny: »Als Austauschstudent?«

Sheldon: »Nein, ich war Gastprofessor. Jedenfalls, die deutsche

Küche basiert etwas mehr auf Wurst, als ich es gewohnt war. Und das Ergebnis war ein interner Blitzkrieg, und mein Dickdarm übernahm dabei die Rolle des armen Polens.«

Jetzt geht's ans Eingemachte:

Sheldon: »Entschuldigt die Verspätung.«

Leonard: »Ist was dazwischengekommen?«

Sheldon: »Nichts, ich hatte nur keine Lust zu kommen.«

Warum können wir über diese Demonstration von Gefühlskälte lachen? Weil sie unsere zu oft geübte Praxis dahingeplapperter Höflichkeitsfloskeln, hinter denen nichts steckt, als Konvention beziehungsweise als Wunsch, nicht anzuecken, demaskiert.

Genau wie:

Penny: »Darf ich dir eine Frage stellen?«

Sheldon: »Angesichts deiner Schulbildung rate ich dir, mir so viele Fragen zu stellen wie möglich.«

Wir alle haben doch oft den Wunsch, die Machtverhältnisse klarzustellen, von Vaters: »Solange du deine Füße unter meinen Tisch steckst …« über »Warum soll ich das tun?« – »Weil ich es sage« bis zu Gerhard Schröders »Basta!«

Aber wir unterdrücken den Wunsch meist, nehmen Rücksicht. Warum? Aus Schwäche, Höflichkeit, Altruismus? Seine Schwächen demonstriert Sheldon an anderer Stelle deutlich genug, ansonsten zeigt er die Flagge der Stärke. In witzigen Formulierungen, die sich aber nicht selbst genügen, sondern von hoher kathartischer Effizienz sind. Er begeht eine Stellvertreterhandlung, indem er gegen das heutzutage ubiquitäre Gebot der Political Correctness verstößt. Für uns alle setzt er für einen Moment die oft überschwere Bürde zivilisatorischer Vorschriften ab. Mit anderen Worten: Er ist der biblische Sündenbock.

Und zum Abschluss der Klassiker schlechthin, eine Antwort, immer und überall passend für jede Frage an uns, die mit »Müssen wir« beginnt. Leonard: »Sheldon, müssen wir da hingehen?«

Sheldon: »Müssen wir nicht. Wir müssen Nahrung zu uns nehmen, Exkremente ausscheiden und Sauerstoff einatmen, um vorzeitiges Absterben der Zellen zu verhindern. Alles andere ist optional.«

Sprache als Freudenquell

Unsere Sprache ist ein unerschöpflicher Quell der Komik, wenn man die verschiedenen Formen der Fehlleistung betrachtet, die möglich sind. Wer ist eigentlich auf die Idee gekommen, das Lispeln durch ein Wort mit s zu bezeichnen? Man sieht, Sprache und Humor sind eng miteinander verzahnt.

Stefan Effenberg wurde vor längerer Zeit zu neunzigtausend Euro Strafzahlung verdonnert, weil ihm der Richter nicht glauben wollte, dass er »Schönen Abend noch« gesagt hat und nicht »Arschloch!«, wie es die beiden Polizisten verstanden haben. Effe ging natürlich in Berufung. Wörtlich sagte er zu BILD: »Ich kämpfe bis zum letzten Zug.« Was für'n Zug? Gras, Schach, Koks, Deutsche Bahn, Atem?

Man sollte, wenn man sich Wörter stechen lässt, immer sicherstellen, dass der Tätowierer kein Legastheniker ist. Wie schreibt man Legastheniker? Wissen Sie nicht? Nicht schlimm. Ein Tipp: Wenn Sie nicht wissen, wie man ein Wort schreibt, sind sich aber sicher, es ist ein Substantiv, sagen Sie »groß«, dann haben Sie einen Lacher und stehen da wie eine Eins. In diesem Fall wäre die korrekte Antwort: mit h, hinter dem t, wie Brathering.

Wie schreibt man korrekt, mit ck oder ohne? Ohne. Mit ck geht auch, aber dann ist es ein Name, das können Sie im Internet nachgucken, auf »verwandt.de«: achtzehn Personen in drei Landkreisen, die meisten in Stendal. Wenn ich Tätowierer wäre, würde ich auch Scherze machen. Wenn einer käme und sagte: »Ich möchte ein Segelschiff, einen Dreimaster auf den Rücken.« Dann würde ich draufschreiben: »Verraten Sie dem Trottel nichts, er meint, er hätte ein Schiff auf dem Rücken.« Wenn ich mir ein Wort stechen ließe, dann eines von den aussterbenden Wörtern, um die es echt schade ist. Das wird sie vielleicht nicht retten, aber jedes bisschen hilft, sagte die Ameise und pisste in die Ems.

»Schaufensterbummel« zum Beispiel. Keiner benutzt es mehr, aber man hat sofort ein Bild vor Augen. Frauen bekommen dabei ja so einen Blick, dass man unwillkürlich meint, Jagdhörner zu hören. Und wenn sich ihre Augen bluthund-mäßig in ein Stück Beute verbissen haben, ist es geradezu rührend sinnlos, Dinge zu sagen wie: »Aber du hast doch schon so viele Schuhe.« Dieser Satz ist weder grausam oder auch nur unsensibel, er ist auch inhaltlich sicherlich richtig, aber er ist einfach dämlich. Denn er ignoriert das weibliche So-Sein, die andersartige Hirnaktivität in den zuständigen Arealen. Was man sagen könnte, wäre: »Sag mal, hat nicht deine Freundin Gabi so ähnliche?« Das ist für Frauen ja ein Riesenproblem. Männern geht das am Arsch vorbei, ob andere Männer dasselbe tragen. Wie etwa bei der Bundeswehr. Die hat ja echte Nachwuchsprobleme. Es würden sich viel mehr Frauen melden, wenn sie sich ihre Dienstkleidung individuell gestalten könnten. Wie kann man weibliche Infanteristen zu einem Sturmangriff motivieren? Man sagt: Wir haben gerade einen Funkspruch des Feindes aufgefangen; sie sagen: Ihr seht in euren Uniformen fett aus.

Aber ich schweife ab. Viele sagen, lasst uns alles klein schreiben, bis auf Eigennamen, wie im Englischen, das ist viel einfacher. Ich sage: Nein, dadurch wird oft die Bedeutung verfälscht.

Helft den kranken Vögeln. Krank klein, Vögeln groß.

Umgekehrt wird ein ganz anderer Schuh draus: Helft den Kranken vögeln.

Oder ein Spiel, das ich sehr gerne live im Radio oder Fernsehen mit den Moderatoren mache. Ich sage: Es gibt im Deutschen sieben verschiedene Formen der Pluralbildung. Mal sehen, ob du die beherrschst. Jetzt hab ich ihr Gehirn eingenordet, und sie werden lange brauchen, um zu begreifen, was jetzt geschieht: Bei Lesungen spiele ich das nur mit den Damen: »Ich sage jetzt vier Substantive im Singular, in der Einzahl, und Sie wiederholen diese Substantive in derselben Reihenfolge, das ist wichtig, aber im Plural. Und mit Artikel, o. k.?«

Ja, los geht's: der Arzt, der Bursche, die Bürste, die Schwester. Und die Pfiffigen wiederholen korrekt: die Ärzte, die Burschen, die bürsten die Schwestern.

Die pfiffigen Männer lachen sich schon kaputt, und viel später wird den Frauen klar, dass »bürsten« klein geschrieben wird.

Viel Spaß mit diesem Spiel!

Supermarkt ist super

Goethe hat einmal gesagt: »Es ist das Schicksal des Deutschen, dass er über allem schwer wird.« Und Schiller setzte nach mit: »Der Mensch ist nur ganz Mensch, wo er spielt.«

Das isses! Wir müssen das Kind in uns am Leben halten, füttern! Ich versuche, so oft wie möglich in meinen Alltag spielerische Komponenten einzubauen. Zum Beispiel beim Einkaufen. Supermärkte finde ich super. Deswegen heißt er ja auch so, wenn ich ihn doof fände, hieße er Doofmarkt. Wird vom Funfaktor her oft unterschätzt. In der Vorweihnachts- beziehungsweise Vorosterzeit stehen doch überall die Schokoladennikoläuse beziehungsweise Osterhasen rum. Und dann komm ich und arbeite von unten Harzer Käse in die Figuren ein, so viel wie reinpasst. Und es passt viel rein. Und dann stell ich mir immer die Freude in der Käuferfamilie vor: »Schatz, ich mein, dat Häsken hätte 'nen Stich, ham wir die Sorte schon mal gekauft?« »Nee, ich glaub nich!« »Hömma, die kaufen wir auch nicht mehr!«

Aber der Höhepunkt ist natürlich die Obst- und Gemüseabteilung, wo man ja alles selber aussucht, einpackt und wiegt, und da ist mir aufgefallen, die meisten Leute können das gar nicht, da müssen Sie mal drauf achten. Die meisten suchen aus, packen ein, wiegen, fertig. Ich mach's anders, ich suche aus, packe ab, wiege, packe fertig. Da haben Sie mehr von. Erst mal steht nirgendwo ein Schild, wann man wiegen soll, das ist offenbar ins Ermessen des Kunden gestellt, und dann fragen die mich doch auch nicht, wenn sie die Preise erhöhen oder, was der neueste Schrei ist, fürs selbe Geld weniger in die Packung tun. Also tu ich fürs selbe Geld ein bisschen mehr in die Packung. Handel heißt doch geben und nehmen. Und ich spare denen auch noch viel Zeit, denn juristisch gesehen sind die Preise ja frei verhandelbar. Theoretisch könnte ich das Feilschen anfangen, könnte mir den Filialleiter kommen lassen und sagen: »Wir müssen reden, Sie rufen für Ihre Mangos 1,58 auf, die habe ich woanders für 68 Cent gesehen, was machen wir denn da? Ist da noch Luft im Preis oder tun Sie mir zwei Banänchen dabei oder einen Aal?« Ist doch Quatsch, da räume ich mir doch besser vor Ort einen individuellen Spontanrabatt ein, damit ist doch allen gedient.

Aber das Schönste ist natürlich das Aussuchen, das Prüfen der Feldfrüchte. Squosh! Der ganze Daumen drin in der Nektarine, und dann weiß ich: Die nehm ich schon mal nicht, die ist mir zu weich. Der nächste Kunde sieht das vielleicht ganz anders, ein älterer Mensch ohne Zähne, der ist natürlich begeistert: »Mh, is wie gefaffen für mich, die lutsch ich so vom Stein!«

Also, ganz wichtig, nach dem Prüfen das Loch schön nach hinten legen, damit der nächste Kunde eine freie Prüffläche vorfindet und sich sein eigenes Bild machen kann und dann weiter weiterprüfen. Squosh, squosh, squosh, squosh, peng, oh, das waren schon die Kokosnüsse, oooooh.

Aber dieses Befummeln der Feldfrüchte, das tut mir gut, seelisch jetzt. Wenn ich nervlich ein bisschen runter bin, knöpf ich mir die Weintrauben vor: Plopp, plopp, plopp, plopp, plopp, danach kann ich erst mal wieder zwei Tage die Medikamente absetzen. Meine Frau sagt immer: »Hast du wieder Scheißlaune, komm, geh einkaufen.«

Und Sie können auch mal die psychische Belastbarkeit der anderen Kunden testen. Nehmen Sie mal jemandem was aus dem Wagen, sagen wir eine Packung Spülmaschinenspezialsalz.

»Das ist *mein* Spülmaschinenspezialsalz!«

»Wie, *Ihr* Spülmaschinenspezialsalz, haben Sie das schon bezahlt?«

»Nein, aber das ist *mein* Wagen!«

»Wieso *Ihr* Wagen, meinen Sie, der gehört Ihnen für den Euro, den Sie da reingesteckt haben?«

Aber der Supermarkt ist nicht nur ein Rummelplatz des Frohsinns, des Vergnügens, der Lustbarkeit, nein, er ist auch ein Tempel der Kontemplation, der Selbstfindung und der inneren Einkehr. Wenn ich mit meinem voll bepackten Wagen ganz am Ende der Schlange vor der einzigen geöffneten Kasse stehe, dann bekomme ich eine Ahnung davon, was das eigentlich heißt: Ewigkeit. Das Mädelchen an der Kasse ist den ersten Tag da, sie blickt dem Erwerb der deutschen Sprache noch freudig entgegen, der Scanner ist kaputt, sie hat die Preise natürlich noch nicht im Kopf, jeder Kunde zahlt entweder mit Karte oder ist hochbetagt, hat die Brille vergessen, besteht aber darauf, im Portemonnaie nach dem passenden Betrag zu pfriemeln.

»Ich hab's gleich, ist ja für Sie auch einfacher, wenn der Kunde passend zahlt, wenn das jeder täte, ging's auch schneller. Wie viel sagten Sie, 1,92? Häh? Ach 2,91, ich hab mich ja an den Euro noch nicht gewöhnt, die sehen alle gleich aus, die deutschen, die italienischen, das ist nicht gut überlegt. Können Sie mal selber gucken, ich hab die Brille nicht bei.«

Aber irgendwann stehe ich mit meinem bis oben voll gepackten Wagen vor der Kasse. Direkt hinter mir so ein armer Ködel mit einem fettarmen Joghurt. Und ich sage: »Haben Sie nur das eine Teil?«

»Ja …?«

»Na, dann haben Sie ja jetzt viel Zeit zu überlegen, ob Sie nicht doch was vergessen haben.«

Von Mensch zu Mensch

Wenn man häufiger in der Öffentlichkeit angesprochen wird, sammeln sich ganz von selbst ein paar hübsche Geschichten an. Ich bin mit meiner Frau im Urlaub auf Mallorca, wir besuchen einen Wochenmarkt, eine Frau mit zwei kleinen Mädchen kommt an und fragt: »Herr von der Lippe, können wir vielleicht ein Foto machen?« Und ich: »Selbstverständlich, dazu bin ich doch da.« Nun hatte die Frau aber ein entweder sehr altes Smartphone oder ein sehr ungewöhnliches Fabrikat, jedenfalls scheiterten nacheinander acht Mitbürger an dem Versuch, ein Foto von uns zu machen. Der Tag neigte sich dem Ende zu, und eins von den Mädchen stupste die Mutter an und sagte: »Mami, gerade fährt der Bus mit dem Papi weg.« Zauberhaft.

Und das Tolle: Die Geschichte ist rund, es wurde kein Kommentar von mir erwartet, denn das ist ja normalerweise der Fall. Wenn man einem Komiker begegnet, erwartet man einen komischen Spruch. Das musste ich ja erst mal lernen, als das vor vielen Jahren losging mit Auftritten und Fernsehen. Irgendwann passierte es zum ersten Mal: Ich gehe einkaufen, ein wildfremder Mensch tippt mich an und fragt: »Wat machst du denn hier?« Und ich: »Einkaufen.« Und ich sah Enttäuschung in seinem Blick. Und als sich das häufte, wurde mir klar: Du brauchst eine schlagfertige Antwort. Also habe ich mich eine Woche zum Schreiben in ein Kloster zurückgezogen.

Und es kam der Tag, wo wieder einer fragte: »Wat machst du denn hier?« Und ich: »Wonach sieht es denn aus? Ladendiebstahl?« Und er: »Häh?«

Und zwei Dinge wurden mir klar: Nicht jeder Gag zündet, und der Mann würde jetzt nach Hause gehen und zu seiner Frau sagen: »Wusstest du, dass der von der Lippe klaut?«

Ich wieder ins Kloster, schreiben, zurück, einkaufen: »Wat machst du denn hier?« Und ich: »Ich hatte gehofft, Sie hier zu treffen, und das hat ja auch geklappt.« Und er: »Haäh?«

Man denkt ja oft, Schlagfertigkeit ist eine Sache des Denkzentrums. Ist es nicht. Es ist eine Leistung des Sprachzentrums, das sich bei Adrenalinzufuhr vom Denkzentrum abkoppelt und verselbständigt. Das erklärt die Tatsache, dass man oft selbst überrascht ist von dem, was man so sagt.

Wir stehen in einem Hotelaufzug, mein Tourleiter, mein Gitarrist und ich. Und eine junge Mutter mit einem vielleicht zehnjährigen Töchterchen. Das Kind guckt mich an und fragt: »Sind das deine Bodyguards?« Und ich höre mich sagen: »Ja, aber die sind nicht gut, die werden immer verprügelt.«

Meine Jungs: So 'ne Fresse – aber Mutter und Kind waren begeistert.

Und nur darum geht's. Wir sind Dienstleister, der Kunde ist König, da kann man auf Einzelschicksale keine Rücksicht nehmen.

Andere Stadt, anderer Aufzug, Eisenach, ich will in den dritten Stock, habe es auch ein bisschen eilig, ein Fernsehteam wartet. Eine Mutter hat ihren Dreijährigen auf dem Arm und versucht ihn zu überreden, den richtigen Knopf zu drücken. Der Sprössling schwankt zwischen Desinteresse und Apathie. Irgendwann sage ich: »Liebe verehrte gnädige Frau, muss ich jetzt hier drin bleiben, bis Ihr Sprössling alt genug ist, die Fahrstuhlführerprüfung abzulegen?« Die Frau: so 'ne Fresse, aber ich hatte Spaß, und nur darum geht's. Das Schlimmste, was passieren kann, ist, wenn einem nichts einfällt. Wir fahren in einer Stadt rechts ran, und mein Tourleiter gibt irgendwas neu ins Navi ein, kommt ein Radfahrer in amtlicher Radlerkluft, Helm, hautenge Gummipelle, klopft ans Fenster; ich denke, der will ein Autogramm, mach die Scheibe runter, sagt der in sehr strengem Ton: »Sie haben jetzt den Motor schon ziemlich lang im Leerlauf laufen, wie wär's, wenn Sie den mal ausmachen?«

Ich war völlig perplex, ging im Geiste die Liste meiner Standardpöbelrepliken durch, so was wie: »Schieß dich in den Sack und stirb tanzend!« Oder: »Kennen Sie den Unterschied zwischen mir und einem Schneemann? Den Schneemann können Sie nur im Winter am Arsch lecken!«

Aber das war nicht ich, das war vorgefertigt, Convenience Comedy, ich wollte aber was Eigenes, das fiel mir aber nicht ein, und ich wurde traurig, habe das Fenster hochgemacht und den Rest das Tages nicht mehr gesprochen. Abends beim Essen ist mir dann eine gute Antwort eingefallen. Ich hätte ihn anlächeln sollen und sagen: »Diese Fahrradhelme haben was Dialektisches. Sie sollen den Träger vor einem schweren Hirnschaden schützen, man sieht aber damit aus, als hätte man schon einen.«

Und dann gibt es diese Momente, von denen man sofort weiß: Das passiert dir nur einmal im Leben. Ein auftrittsfreier Tag in Gladbeck, ich bin mit meinem Tourleiter in der Innenstadt unterwegs, um ein paar Einkäufe zu machen. In einer Schreibwarenhandlung sagt die Dame an der Kasse: »Kenne ich Sie nicht?« Ich gebe meine Standardantwort: »Das will ich doch schwer hoffen.« Die Standardantwort auf die Frage: »Sind Sie nicht Herr von der Lippe?« lautet übrigens: »Zumindest trage ich seine Unterwäsche.« Aber die Dame fragte ja: »Kenn ich Sie nicht?« Und ich: »Das will ich doch hoffen.« Und sie: »Sie sind doch Dr. Kirschensteiner, der Frauenarzt.«

Ein magischer Moment. Im Hirn brennt ein neuronales Feuerwerk ab. Was tun? Rausplatzen, den Irrtum aufklären oder einfach ins Boot steigen und schauen, wohin die Reise geht?

Und das habe ich gemacht und gesagt: »Ja, genau.«

Die Frau: »Wir haben ja gedacht, Sie sind verstorben.«

Jetzt wird es echt schwer: »Nein, nein, es geht mir gut.«

»Weil die Praxis auch zu war.«

»Ja, die ist aber wieder auf. Wir haben umgebaut.«

»Ich war ja auch schon mal bei Ihnen.«

»Ich weiß, kann mich gut erinnern.«

Mein Tourleiter war am Ende und verließ schon mal den Laden. Aber ich habe es geschafft zu bezahlen und den Laden zu verlassen, ohne zu sagen: »Ich schau gern mal wieder bei Ihnen rein!«

Erhöhter Gesprächsbedarf

Ich erwache ahnungslos.

Wobei »erwachen« jetzt irgendwie impliziert, ich hätte da ein System, aber im Prinzip ist es, als versuchte ich mit einem Motorradhelm auf dem Schädel durch den Geburtskanal einer Elefantenkuh zu kriechen. Ich habe keine klar strukturierte Aufwachphase.

Wie immer, wenn ich ein bisschen was getrunken habe.

Aber heute ist es anders.

Alles ist anders.

Zuerst einmal wäre da das Kopfteil vom Bett, das gestern noch nicht so hoch war.

Zum anderen bin ich komplett bekleidet.

Das kommt in den besten Familien vor. Derartige Phrasen sage ich mir immer, wenn es nicht ganz rundläuft oder gelaufen ist. Oder wird. Das kommt in den besten Familien vor, Indianer kennen keinen Schmerz, und aus einer Igelhaut macht man kein Brusttuch. Was immer das bedeuten soll.

Ich erhebe mich.

Aha, denke ich. Verstehe.

Das Kopfteil vom Bett kam mir deswegen so hoch vor, weil ich hinter dem Sofa geschlafen habe. Dass ich vollständig bekleidet bin, dürfte dem Umstand geschuldet sein, dass ich gestern kurz kegeln war.

So sage ich das immer meiner Gattin: »Frau! Harre nicht meiner. Ich bin kurz kegeln.« Kurz war es allerdings nicht, so viel steht fest. Der Rest meiner Erinnerungen ist, als würde man SPARTACUS durch mehrere Schichten Feinstrumpfhose gucken. Junge, Junge. Das war was.

Eigentlich sollte der Begriff Kegeln durch einen maritimen Terminus ersetzt werden – so oft, wie die Scheiße aus dem Ruder läuft.

Das wird wieder zu erhöhtem Gesprächsbedarf führen. Den hat meine Frau nämlich öfter mal – erhöhten Gesprächsbedarf.

Mein Kopf fühlt sich innen, so auf Höhe des Präfrontallappens, ein bisschen wund an. Eine Kopfschmerztablette wäre jetzt gut. Und Kaffee. Behelfsweise würde ich mir auch eine Tube Bepanthen durch die Nasenlöcher ins Hirn drücken. Immerhin: Dies ist das erste Mal, dass ich nicht wimmernd aus dem Bett gekrochen komme, wenn ich kurz kegeln war. Stattdessen stehe ich voll angekleidet im Wohnzimmer. Hat man auch nicht so oft.

Ich nutze die fünf Sekunden Ruhe, bevor der Ärger losgeht, um mich zu sammeln. Dann sage ich mit fester Stimme: »Frau. Ich bin erwacht.«

Nix.

Sonderbar.

Üblicherweise schwallt nun ein hochfrequenter Impulsvortrag über Geschicklichkeitsspiele und Alkoholmissbrauch über mich herein. Doch heute dominiert Stille die Wohnung. Mir ist warm. Ich ziehe den Parka aus.

Dann suche ich meine Gattin. In der Küche steht eine benutzte Tasse mit kaltem Kaffee. Keine Frau.

Das Bett im Schlafzimmer ist zerwühlt.

Schlüssel am Brettchen im Flur fehlt.

Dann ist sie also einkaufen. Gut.

Das verschafft mir etwas Zeit. Ziehe mich aus, dusche, ziehe mich wieder an. Dann gehe ich vor die Tür, um die Zeitung reinzuholen. Allerdings ist keine Zeitung da.

Überhaupt ist niemand da.

Die Straße vor unserem Haus ist still und leer.

Kein Mensch zu sehen. Der Kiosk gegenüber ist geöffnet, aber unbesetzt. In der gesamten Siedlung ist keiner zu sehen.

Ich klingele beim Nachbarn und stelle fest, dass die Tür nur angelehnt ist. »HALLO?«

Keine Antwort.

Trete zurück auf die Straße und rufe erneut: »HALLO?«

Keine Antwort.

Ich versuche, die vergangene Nacht zu recherchieren, Puzzleteilchen zusammenzufügen.

Also noch mal von vorn.

Gegen acht aus dem Haus, kurz kegeln.

Mit den Jungs Schnitzel gegessen.

Dann Kegelbahn.

Dann komischen Schnaps getrunken. Eine Art Appenzeller Handkäs, nur als Getränk. Schlimm.

Dann kam dieser riesige Typ runter und meinte, wir sollen die Kegelbahn frei machen, wir wären schon Stunden zugange hier, und jetzt wäre mal Zeit für die Jungs vom »Motorrad-Klub mit Aggressionsproblemen e.V.«

Ich antworte: »Nicht in dem Ton, Frollein.«

Dann Handgemenge.

Der Rest liegt im Dunkeln. Kann aber nicht so schlimm gewesen sein.

Immerhin machen wir seit einigen Jahren nicht mehr dieses Spiel, wo wir unsere mit Namen beschrifteten Haustürschlüssel in den Hut werfen und jeder zieht einen. Und dann fährt man mit dem Schlüssel zur Adresse, die auf dem Etikett steht, und schläft da. Kamikaze-Partnertausch. Ist selten was Gutes bei rausgekommen.

Und dann, plötzlich, während ich völlig allein auf der menschenleeren Straße stehe, wird mir mit aller Deutlichkeit klar, was Sache ist:

Die Menschheit existiert nicht mehr.

Ich bin der Letzte meiner Art.

Die Erkenntnis rammt mich wie ein Bus.

Ich gehe zurück in die Wohnung. Setze mich auf die Couch. Versuche nachzudenken. Und dann denke ich: Wozu denn? Ab jetzt ist es nur noch wichtig, Lebensmittel zu horten. Dann zu jagen, wenn alle Konserven aufgebraucht sind. Und Trinkwasser! Drehe den Wasserhahn auf. Läuft. Immerhin. Ich sitze eine Stunde regungslos da. Als ob Zeit jetzt noch was bedeuten würde.

Wie ist das passiert? Und warum bin ich noch da?

Ich erinnere mich daran, dass die Regierung die Menschen zu Hamsterkäufen anregte. Das könnte was damit zu tun haben. Könnte natürlich auch sein, dass irgendwer von der CDU in den Vorstand von LIDL aufgerückt ist. Keine Ahnung.

Und wen sollte ich auch fragen?

In diesem Zusammenhang fällt mir auf, dass mir meine Frau fehlt. Eigentlich habe ich sie nie richtig verstanden.

Das lag aber nicht nur daran, dass Männer und Frauen so unglaublich verschieden sind. Da war auch einfach ganz viel Desinteresse dabei. Da muss ich mal ehrlich zu mir selbst sein. Ich hab Frauen nie so richtig verstanden. Dieses ganze Menstruationsding – wer macht so was bloß freiwillig?

Gehe auf den Balkon und rauche eine. Eigentlich rauche ich gar nicht, aber wen soll es jetzt noch interessieren? Diese Stille in den Vorgärten, die totale Abwesenheit von Menschen. Wahnsinn. Ich könnte mich dran gewöhnen. Muss ich auch.

Ich betrete das Schlafzimmer und öffne den Kleiderschrank.

In der unteren Schublade liegt das heikle Zeug. Unsereins trägt ja ganz normale Unterwäsche. Wozu mit flirrenden Stoffen, raffinierten Schnitten für Reizüberflutung sorgen. Wenn er waschbar ist und sich nicht schleichend ins Gebälk sägt, hat für mich ein Schlüpfer alle Funktionen, die er braucht.

Die Gattin hätte da eine andere Herangehensweise. Was sie in der unteren Holzetage unseres Schranks hortet, ist ein ganz anderes Kaliber. Das gehört ganz klar in die Rubrik DESSOUS, wenn auch mit einem Schlenker in die Welt des Sanitätshauses. Greife mir ein Teil und rieche daran. Wunderbar. Es riecht nach ihr. Ich habe dieses Bedürfnis meiner Frau, nämlich für mich attraktiv zu sein, nie richtig anerkannt.

Schon witzig – jetzt, wo es zu spät ist, werde ich sensibel.

Ich ziehe mein Hemd aus und schlüpfe in das fliederfarbene Negligé. Ich spüre instinktiv, dass es mich näher mit meiner Frau zusammenbringt. Fühlt sich nicht übel an. Aber ich ermahne mich, jetzt bloß nicht weich zu werden.

Ich muss mich vorbereiten. Jetzt im Moment ist alles gut, klar, aber in nicht allzu ferner Zukunft werden sämtliche Haustiere verwildern. Dann heißt es: Friss oder stirb. Baue mir in der Küche einen Speer. Besenstiel. Mit Klebeband ein Brotmesser dran. Liegt gut in der Hand.

Ich fühle mich zum vielleicht ersten Mal in meinem Leben wie ein richtiger Mann. Sage laut: »Ihr fünf dort geht da lang, der Rest von euch kommt mit mir.«

Dann gehe ich wieder ins Schlafzimmer. Ich knie nachdenklich vorm Vermächtnis meiner Frau. Sinniere lange darüber nach, wozu Stringtangas jetzt konkret gut sind. Sie ergeben bekleidungstechnisch nicht den geringsten Sinn. Wo soll da der Vorteil sein, permanent die Pobacken an der frischen Luft zu haben? Vielleicht eben wegen der frischen Luft? Nein.

Das könnte man diskreter haben, indem man sich bei Bedarf im stillen Kämmerlein den Arsch föhnt. Ich komme nicht dahinter. Also ziehe ich einen an. Oha, denke ich, das fühlt sich hintenrum auf eine Art angenehm an, die ich nicht gut finden möchte.

Andererseits fühle ich mich nicht schlecht. Ich bin ein freier Mann. Sicher, unter den schlimmstmöglichen Umständen, verdammt dazu, von nun an allein auf diesem Planeten zu wandeln. Aber das macht mich auch zum König der Erde, wenn man es recht bedenkt.

Was ich gestern noch war, zählt heute nicht mehr.

Ja.

Heute könnte ich meine Frau beschützen. Ich bin gewachsen. Bald werde ich meinen Rucksack packen und aufbrechen. Ich muss eine neue Frau finden. Das bin ich der Welt schuldig. Wir werden uns paaren, alles andere wäre nicht im Sinne der Menschheit. Optik ist nicht entscheidend, da bin ich Vernunftmensch. Wenn ich jetzt nur ein Schimpansenweibchen finde … Gucken wir mal.

Eins aber steht fest:

Erst jetzt, am Ende der Menschheit, bin ich zu dem geworden, der immer in mir verborgen war.

Ich beherberge sowohl eine feminine Seite als auch das Herz eines Kriegers. Ich bin ebenso sexy wie tödlich. Ich bin Mann, Frau und Jäger. Mit dieser glühenden Erkenntnis und bis zum Zerreißen geschärften Sinnen marschiere ich vor die Tür.

Und wie ich da in den warmen Wind vor meine Wohnung trete, höre ich eine elektronisch verstärkte Stimme.

»SIE KÖNNEN JETZT ALLE WIEDER IN IHRE WOHNUNGEN. WIR HABEN DIE FLIEGERBOMBE ENTSCHÄRFT.«

Und da sind auch meine Nachbarn.

Im Prinzip die ganze Siedlung.

Und meine Frau. Sie starren mich an.

Ich stehe da mit meinem Speer, in Negligé und Stringtanga, und blicke feierlich zurück.

Hm, denke ich, das kommt in den besten Familien vor.

Aber kraft meiner neuen, geschärften Sinne erkenne ich glasklar:

Meine Frau hat mal wieder erhöhten Gesprächsbedarf.

Vorsicht vor Frauen!

Ich liebe Frauen. Gut, nicht alle, aber halt so viel ich kann, aber eines muss ich mal sagen: Frauen können wirklich sehr hinterhältig sein!

Man denkt ja immer, man hat schon alles erlebt, bis man dann etwas erlebt, was man noch nicht erlebt hat. Ich war in Italien, eine Woche Neapel, bisschen Sightseeing. Kommt mir eine Frau mit einem Baby auf dem Arm und rechts und links einem größeren Kind entgegen. Plötzlich wirft sie mir das Baby zu, ich fange es natürlich auf, die beiden großen Rotzlöffel machen mir die Taschen leer, hauen ab, die Mutter fängt an loszuplärren und zerrt an ihrem Kind, ich hab natürlich losgelassen und bin weggerannt, wurde von mehreren Passanten überwältigt, festgehalten, bis die Polizei kam, und hatte meine liebe Not, glaubhaft zu machen, dass ich kein Kindesentführer bin. Gott sei Dank hatte ein anderer deutscher Tourist, der auch noch Italienisch konnte, das Ganze mit seinem Handy gefilmt.

Aber das ist natürlich ein guter Trick. Nur: Was lernen wir daraus? Wenn jemand Ihnen ein Baby zuwirft, versuchen Sie auf keinen Fall, es zu fangen? Das geht ja wohl nicht. Vielleicht so: Fangen Sie es, werfen Sie es sofort einem anderen Passanten zu, und hauen Sie ab.

Der Duden definiert den Begriff »Samenraub« sinngemäß als »Beschaffung von Sperma eines Mannes durch eine Frau in der Absicht, es ohne Zustimmung zur Befruchtung eigener Eizellen zu verwenden«. Aber erst seit der 26. Auflage. Ausgangspunkt war die Überschrift »War es Samenraub?« eines Bildzeitungsartikels über Boris Becker von 2001. In der Folge fand das Wort allgemeine Verbreitung, geriet aber irgendwann in Vergessenheit, genau wie die kriminelle Handlung. Geblieben ist nur diese Scherzfrage: »Was ist der Unterschied zwischen Samenraub und Postraub? Beim Postraub ist auch noch der Sack weg.«

Die Süddeutsche meldete einen Fall aus Aachen, meiner alten Heimatstadt. Da habe sich ein Mann auf einer öffentlichen Toilette niedergelassen, als eine Hand, und zwar eine Frauenhand, durch die Öffnung unterhalb der Toilettentür gegriffen und das Portemonnaie aus der Hose gerupft habe. Dem Opfer sei es, so wörtlich, aufgrund der gesamten Situation unmöglich gewesen, die Verfolgung aufzunehmen.

Gut, ich bin selbst kein Kind von Traurigkeit, was haben wir nicht schon alles für Späßchen gemacht, ein Fahrrad mit einem mitgebrachten Fahrradschloss mit einem Laternenpfahl oder einem anderen Fahrrad verbunden und sich dann den Spaß gemütlich vom Straßencafé aus angucken, wenn der Besitzer die verschiedenen Stadien des Begreifens und die dazugehörigen Emotionen durchläuft, oder die Nummer aus dem preisgekrönten Werbespot, einer schlafenden alten Dame am Strand oder am Hotelpool den Fotoapparat wegnehmen, schnell den eigenen Dödel fotografieren und den Apparat wieder hinlegen, das war natürlich die Zeit, als man seine Filme noch zum Entwickeln in die Drogerie brachte, und wenn man die fertigen Abzüge abholte, kontrollierte man gemeinsam mit dem Drogisten, ob sie was geworden waren. Oder die Blindennummer, mit Brille und Stock in die Kneipe: Sind Sie der Wirt? Ja. Wollt nur sagen, ist kein Papier auf dem Klo.

Aber Frauen sind härter drauf als Männer. Die Kriminalstatistik sagt uns in diesem Zusammenhang: Frauen schlagen Männer genauso oft, wie Männer Frauen schlagen. Unterschied: Wenn Frauen prügeln, gibt's schwerere Verletzungen. Wegen der Hilfsmittel, Pfannen und dergleichen. Trennungen gehen sehr oft von Frauen aus. Und wie sie sich trennen: »Hör zu, wir passen nicht zusammen, ich bin Steinbock und du bist ein Arschloch, ich verlasse dich.« Und der Mann: »Du hast ja so recht, kann ich mitkommen?« Aber selbst wenn man zusammenbleibt, ist oft der Mann das Sensibelchen. Er fragt: »Fandest du es auch so schön?« Sie: »Was?« Eine neue Sachlichkeit ist eingekehrt. Wenn eine Frau sich heute darüber beschwert, dass ihr Mann zu dick ist, und man sagt: Die Statistiken sagen eindeutig: Dicke Männer sind treuer als normalgewichtige, dann wird die Frau sagen: »Mir doch scheißegal, ob der Fettsack fremdgeht, Hauptsache, er lässt mich in Ruhe.«

Letztens war ich in einer Kneipe, in der gerade ein Damenstammtisch tagte. Wissen Sie, was die für einen Trinkspruch hatten? »Auf dass unsere Männer nie Witwer werden!«

Und das ist keineswegs ein urbanes Phänomen. Hier ein Beispiel für ländliche Sachlichkeit.

Zwei Bäuerinnen unterhalten sich über Verhütungsmethoden. »Wir machen es mit der Eimermethode«, sagt die eine.

»Häh?«

»Na, der Schorsch ist doch einen Kopp kleiner als ich, also stell ich ihn immer auf einen umgedrehten Melkeimer, und wir machen es im Stehen.«

»Und was hat das mit Verhütung zu tun?«

»Wenn die Augen glasig werden, tret ich den Eimer unter ihm weg.«

Früher hieß es, Frauen finden immer die richtigen Worte in einer schwierigen emotionalen Situation, das stimmt so auch nicht mehr: Ein Mann steht im zwölften Stock auf dem Balkon und will runterspringen. Seine Frau steht hinter ihm und ruft: »Paul, lass den Scheiß, wir haben doch noch das ganze Leben vor uns.«

Und dann springt er natürlich.

Und warum wollte er Schluss machen?

Er stand nackt vor dem Spiegel und sagte: »Ich habe Falten, einen Bauch und kriege eine Glatze, bitte sag was Positives!«

Sie: »Na, die Augen sind doch noch tadellos!«

Welches Wissen wann wem wohltut

Jedes Jahr publizieren Forscher aus allen möglichen Fachrichtungen in den mehr als 200 000 wissenschaftlichen Zeitungen auf der Welt mehr als 25 Millionen Artikel, also etwa 100 000 Meldungen pro Werktag. Andererseits hat ein Neugeborenes doppelt so viele Gehirnzellen wie ein Erwachsener. Muss auch, denn in den ersten Lebensjahren muss ein Kind besonders viel und schnell lernen, ab dem fünften Lebensjahr würden allzu viele Informationswege zur Belastung. Sie brauchen also jemanden, der das vorhandene Weltwissen für Sie vorsortiert und nach Brauchbarkeit ordnet. Das bin ich! Und Brauchbarkeit heißt: Wen macht welche Information glücklich?

Auf geht's: Jeder weiß, dass die Gottesanbeterin ihr Männchen auffrisst. Die meisten denken: nach dem Liebesakt. Falsch! Währenddessen! Weil das Männchen dann so schön zuckt, das mag das Weibchen. So was zaubert auch der verhärmtesten Feministin ein Lächeln auf die schmalen Lippen. Und damit ist die Arbeit auf dieser Baustelle getan und wir können zur nächsten wechseln.

Ein ausgewachsener Bartenwal kann in einem Geschlechtsakt bis zu zwanzig Liter Sperma verschießen.

Mit dieser Information kann man vermutlich nur einem weiblichen Bartenwal Freude machen, wenn überhaupt. Vielleicht sagt sie ja: »Was für eine Verschwendung, wenn er mal mit den Weihnachtsgeschenken auch so großzügig wäre.«

Und wenn man jetzt noch hinzufügt, dass ein Teelöffel Sperma circa sieben Kalorien hat, ist die Laune ganz hinüber, wobei Frau Bartenwal mit ihrer Figur wahrscheinlich weniger heikel ist als Heidi Klum.

Am Stammtisch, nach dem dreizehnten Bier, kann man mal

folgende Aufgabe stellen: Schreiben Sie folgendes Wort nach nur einmaligem Hören korrekt nieder, und versuchen Sie anschließend, die Bedeutung durch Ja-Nein-Fragen herauszufinden. Das Wort heißt: Paraskavedecatriaphobie und ist die Angst vor Freitag, dem Dreizehnten.

Wenn sich das als unlösbar herausstellt, machen wir es leichter: Den wievielten Teil von vierundzwanzig Stunden verbringt die Giraffe schlafend? Lösung: Es sind fünf Minuten …

Im Geschichtsunterricht kann man mit folgender Information punkten: Die österreichische Kaiserin Sisi hatte ein Tattoo, und zwar einen Anker auf ihrer Schulter. Ob sie mal was mit einem Seemann hatte, weiß man nicht.

Hier kommt wieder was für den besoffenen Stammtisch: Wozu benutzen manche Eskimos den Kühlschrank? Um ihre Lebensmittel vor dem Einfrieren zu schützen.

Wenn Sie mal Gast in einer der zahlreichen Kochsendungen sind, vergessen Sie nicht, dieses Faktum zu erwähnen: Im US-Bundesstaat Montana wird jedes Jahr ein fünftägiges Festival veranstaltet. Es heißt »Testical Festival«, und man bereitet in dieser Woche rund zwei Tonnen frittierte Stierhoden zu. In Spanien genießen ausgesuchte Metzger das Privileg, nach Corridas die Klöten getöteter Stiere feilzubieten.

Schimpansen haben keine Schambehaarung. Dieser Satz bietet einem Mann eine wunderbare Möglichkeit, einen Kontrahenten zu beleidigen. So wunderbar, dass man sie nur nutzen sollte, wenn man dem anderen körperlich weit überlegen ist: »Deine Frau erinnert mich an eine Schimpansin.«

Dem Vorwurf von Frauenseite, man sei ein geiler alter Sack, mal müsse es doch wirklich gut sein, kann man so begegnen: Zu den Amtspflichten des Königs von Tonga gehörte es früher, jede Jungfrau zu deflorieren. Mit achtzig schaffte er das immerhin noch achtmal die Woche. Ich heiße Egon, wenn das nicht sehr für den ollen König spricht.

Wenn Ihre Tischdame eine Fliege in der Suppe findet oder irgendein Krabbeltier im Salat, kann dieses Faktum die Situation entkrampfen: Noch bis Mitte des 20. Jahrhunderts galten Maikäfer als Eiweißlieferanten. Geröstet und zur Suppe verarbeitet oder kandiert als Nachtisch. Im Übrigen verzehrt jeder Mensch im Lauf seines Lebens circa fünfhundert Insekten, die durch den im Schlaf halb offenen Mund in sein Inneres gelangen.

Wenn Ihnen Ihre Frau mal wieder eine Szene macht, weil Sie im Bett deflatiert haben, sagen Sie einfach: »Sei froh, dass du nicht mit einem Flusspferd verheiratet bist, die furzen durch den Mund!«

Wenn man in fröhlicher Runde sauniert oder FKK betreibt, passt das doch schön: Den im Verhältnis zur Körperlänge größten Hodensack besitzt eine afrikanische Eichhörnchenart. Sie kann auf ihrem Skrotum sogar sitzen.

Wenn irgendjemand Sie der Faulheit bezichtigt, sagen Sie ihm, dass Sie pro Sekunde tausendzweihundert Spermien produzieren, hundertvier Millionen täglich.

Sollte im zwanglosen Gespräch irgendeiner der vielen Gesundheitsapostel, die ihre Sermone ja oft und gerne anfangen mit »Ich bin ja kein Arzt«, zu sprechen beginnen, fahren Sie ihm sofort in die Parade mit: »Komisch, ich habe mir immer vorgestellt, Sie operieren zehn Stunden am Tag am offenen Herzen und legen abends reihenweise Schwesternschülerinnen um …«

Wenn Sie mal bei Leuten zum Essen eingeladen sind, die vor dem Einsatz von Tütensuppen oder Saucen nicht zurückschrecken, sollten Sie unbedingt das zum Gespräch beisteuern: »Wusstet ihr, dass die Fertiggerichte der U.S.Truppen, damit die Jungs nicht so viel Wasser mitschleppen müssen, notfalls mit Urin zubereitet werden können?« Apropos: Tony Blair machte seiner Frau einen Heiratsantrag, während sie gerade auf Knien das Klo putzte. Da kann man nur hoffen, dass er nicht zeitgleich im Stehen pinkelte.

(Quelle: 1500 unnütze Fakten)

Wenn Altsprachler träumen

Tigellinus erwachte, weil ihn irgendetwas kitzelte. Er richtete sich auf und sah, wie eine voll fette Kakerlake Kurs auf sein Skrotum nahm. Eine blitzschnelle Bewegung und er hatte sie. Wohlgefällig betrachtete er das Spiel seiner Muskeln auf dem Unterarm, während er das Insekt zermalmte. Ein Rundumblick zeigte ihm, dass die Kollegen noch schliefen, und so machte er sich noch rasch über seine Morgenlatte her. Möglicherweise war es ja das letzte Mal, denn heute war Großkampftag im Kolosseum in Rom. Das traditionelle Festbankett, das der Spieleveranstalter am Vorabend von großen Kampftagen ausrichtete, war mal wieder vom Feinsten gewesen. Societydamen, also Senatorengattinnen, und andere nutzten diese Feste, um sich an Gladiatoren ranzumachen, die so was wie Popstars waren, obwohl die meisten nicht im Entferntesten wie Brad Pitt oder Channing Tatum aussahen, denn sie fraßen sich mit einer speziellen Diät aus Getreide und Bohnen kleine Fettpolster an als Schutz vor allzu schweren Verletzungen. Auch Tigellinus war so eine Knutschkugel mit richtig Schlag bei den Mädels und hatte sogar zweimal rangemusst, bevor der Wein weitere Ausschweifungen verhinderte. In wenigen Stunden würde sich das gewaltige Stadion mit 50 000 Zuschauern füllen, was übrigens durch die achtzig Eingänge nur fünfzehn Minuten dauerte, weshalb man dieses geniale System »vomitoria« nannte, von »vomere«, sich erbrechen; die Anlage war also in kürzester Zeit mit Zuschauern vollgekotzt sozusagen.

Tigellinus war übrigens ein Retiarier, er kämpfte mit Netz und Dreizack gegen einen Secutor, einen Kämpfer mit rundem Helm, Gladius, dem Kurzschwert, und Schild. Die Älteren kennen das noch aus dem Film *Spartacus* mit Kirk Douglas. Tigellinus war schon dreißig, lag damit über der durchschnittlichen Lebenserwartung eines Gladiators. Die meisten starben früh mangels Kampferfahrung; die Sterblichkeitsquote an Kampftagen lag trotzdem nur bei zehn Prozent, denn das Publikum begnadigte einen unterlegenen Kämpfer in der Regel, wenn er eine gute Show geboten hatte. Wäre es anders gewesen, hätte es bald Nachwuchsprobleme gegeben. Tigellinus hatte das Geld, das er nach jedem Kampf bekam, gespart, um sich irgendwann freikaufen zu können, dann würde er einen gut bezahlten Job als Leibwächter annehmen oder als Ausbilder, entweder in einer der Gladiatorenschulen oder in der Armee, vielleicht auch als Personaltrainer, denn viele Reiche ließen sich aus Spaß zu Gladiatoren ausbilden. Und dieses »Irgendwann« konnte heute sein, wenn er siegte. Sein Gegner war Polonius, eigentlich Herr Köppke, Biologie- und Physiklehrer am Ernst-Neger-Gymnasium in Mainz, den sein schlechtester Schüler, Paul Kerbel, vierzehn, in diese Geschichte hineingeträumt hatte.

Es war ein Tagtraum, also gesteuertes Kopfkino. Paul gingen sämtliche Schulfächer komplett am Arsch vorbei, nur über Gladiatoren wusste er alles. So war ihm natürlich auch der normale Ablauf eines »Munus«, eines Kampftages, geläufig. Es begann morgens meist mit Tierkämpfen, entweder Tier gegen Tier oder Tier gegen Mensch, meist mit einem Speer ausgerüstet. Diese Venarores oder Bestiarii standen rangmäßig weit unter den Gladiatoren, Vorkämpfer eben. Paul hatte sich ausgemalt, wie Herr Köppke wohl gegen einen riesigen Eber bestehen würde. Wahrscheinlich gar nicht, das Kraftpaket würde ihn überrennen und dabei würde er schon vor Schiss einem Herzschlag erliegen. Ein Bär war schon gar kein Thema, der würde ihn einatmen und fertig. Das war nicht Strafe genug dafür, dass der Arsch ihn heute Morgen mit dieser völlig bescheuerten Aufgabe genervt hat: Ein fünfzehn Zentimenter großer Gegenstand wird aus achtzig Zentimetern Entfernung fotografiert. Brennweite des Objektivs: 50 mm. Wie groß sind Bildweite und Bildgröße? Er musste sich geschlagene zehn Minuten an der Tafel mit dem Erstellen der Gleichung herumquälen, bis der Idiot ein Einsehen hatte und es selber machte. Die Bildweite ist übrigens 53 mm. Keinen Schimmer, was Bildweite überhaupt sein soll. Die Frage hätte auch lauten können: An welcher Krankheit leidet der Fotograf. Da hätte man sich wenigstens was Witziges ausdenken können, wie das Orbitaspitzensyndrom, bei dem man ständig das Gefühl hat, jemand steche einem einen Nagel ins Auge; das ist doch genau das Richtige für einen Fotografen, der Schülern das Leben schwer macht. Für Herrn Köppke brauchte Paul sich keine Krankheit auszudenken, den würde er ja im Kampf mit seinem Dreizack langsam und qualvoll killen.

Tagträume, bei denen der Träumende das Geschehen steuert, sind die eine Sache. Wenn man aber wirklich träumt, sieht die Welt ganz anders aus. Und so fand sich Paul eines Nachts auf einer Galeere wieder, als Rudersklave auf Platz 14C, wenn man den Bestuhlungsplan einer normalen Air-Berlin-Maschine zugrunde legt. C und D sind bekanntlich Gangplätze und somit für den Aufseher, der mit einer Peitsche den Mittelgang rauf und runter latscht und darauf achtet, dass die Kollegen Wassersportler auch das gewünschte Tempo halten, besonders gut zu erreichen. Dieser Aufseher war natürlich Herr Köppke und brüllte gerade: »Alle mal herhören, ihr Flachpfeifen. Ich habe eine gute und eine schlechte Nachricht. Die gute: Heute gibt es zum Mittagessen Rattendöner. Und jetzt die schlechte Nachricht: Nach dem Essen möchte der Kapitän Wasserski fahren!«

Mit diesen Worten versetzte Herr Köppke Paul einen saftigen Peitschenhieb auf den nackten Rücken, was diesen laut aufschreien ließ. Von seinem eigenen Gebrüll erwachte Paul. Auch heute, zwanzig Jahre später, musste er wieder an diesen Traum denken. Paul unterrichtete mittlerweile Geschichte und Latein an seinem alten Gymnasium.

»Stellt euch vor, ihr seid Gladiatoren im alten Rom, es ist der

Vorabend eines Großkampftages, und ihr kämpft morgen vielleicht euren letzten Kampf, und jetzt braucht ihr einen Namen, unter dem ihr kämpft. Emil, wie würdest du dich nennen?«

Emil sah seinen Lehrer mit einem Blick an, der von sehr weit her zu kommen schien, und sagte leise: »Tigellinus.«

Wie Musik mir durch die Kindheit half

Heute sind ja, wenn man den Eltern glauben darf, die meisten Kinder hochbegabt. Ich war es wirklich, damals hieß das Wunderkind, es nahm aber niemand Notiz davon. Ich weiß noch genau, an meinem zweiten Geburtstag war ich stocksauer. Ich wollte nicht akzeptieren, dass sich innerhalb eines Jahres mein Lebensalter verdoppelt haben sollte. Ich sagte: »Was soll die Scheiße? Wenn das so weitergeht, bin ich in sechs Jahren hundertachtundzwanzig.«

Ja, klein, dünn und klug. So war ich. Und ich aß gerne Huhn, aber das gab's nicht, war zu teuer. Also ging meine Mutter zur Freibank und kaufte Pferdefleisch von notgeschlachteten Tieren, das war billiger. Mir erzählte sie, es wäre Huhn. Mir, einem Wunderkind.

Ich sagte: »Aha, Mutter, das ist also ein Hühnerbein.«

Und weil ich so klein und dünn war und wohl auch wegen des Hühnermangels, war ich viel krank; ich durfte dann im Wohnzimmer liegen und Radio hören, und dabei stellte ich fest, dass mir deutsche Schlager, speziell wehmütige Balladen, unheimlich guttaten, also gesundheitlich. Ich weiß es noch genau, 1956, ich lag auf Leben und Tod mit einer Mittelohrentzündung, und Freddy sang zum ersten Mal »Heimweh«. Brennend heißer Wüstensand, und der Chor wie im griechischen Drama gießt noch heißes Öl auf die blasenübersäten Füße des Legionärs: »So schön, schön war die Zeit.«

Und ich lag da und spürte, wie dieses Heimwehlied mich umspülte, in mich eindrang, mich ganz ausfüllte, und plötzlich waren die Ohrenschmerzen weg, und ich hatte nur noch Heimweh.

Das führte später dazu, dass ich, immer wenn ich mal Heimweh hatte, automatisch Ohrenschmerzen bekam, aber gut.

Freddy habe ich abgöttisch geliebt, tue ich noch; er war ja auch so ein Loser, in seinen Liedern, man konnte es ihm nie recht machen, wenn er auf See war, wollte er nach Hause, wenn er zu Hause war, wollte er auf See, auch mit den Mädels hat es meist nicht funktioniert.

Er hat den Pessimistenrefrain überhaupt gesungen, dagegen ist Xavier Naidou eine Frohnatur: »Du musst alles vergessen, was du einst besessen, Amigo, ay ay ay, ayayay, ayayay, das ist längst vorbei.«

Ich habe das damals für bare Münze genommen, daher rührt wahrscheinlich meine melancholische Ader, die Kehrseite meiner munteren Medaille, wenn Sie so wollen. Heute würde man ein »Ayayay, das ist längst vorbei« als Vorlage für allerlei Narretei (!) hernehmen, so was wie »tüdelü, das ist längst perdü« oder »holdrio, das ist längst im Klo«.

Aber Freddy war nicht der einzige deutschsprachige Interpret, der sehr wichtig für meine künstlerische und gesundheitliche Entwicklung sein sollte.

1960, ich war zwölf, es war Karnevalssonntag, ich weiß es noch wie heute, ich war verliebt in Linda, Linda war elf, wir wollten heiraten, Kinder haben, nach Amerika auswandern, das ganze Programm, aber meine Eltern waren strikt gegen eine Verbindung über Aschermittwoch hinaus. Ich wollte nicht mehr leben, wollte eigentlich sterben an dem Tag, da war es Gus Backus, der als Einziger die richtigen Worte für meine Gefühle fand in einer seiner wundervollen Balladen, die ganz zu Unrecht nicht viel berühmter geworden sind: »Mein Schimmel wartet im Himmel auf mich.« Kennen Sie das? Nein, und das meine ich auch nicht, ich meine ein ganz anderes Lied, es heißt natürlich Linda. Der Ich-Erzähler oder Ich-Sänger wünscht sich ein Haus in den Rockies und wie wünscht er es sich? ER wünscht es sich sehr. Und warum? Weil er dann endlich allein mit ihr wär. Und er erzählt, dass er davon träumt, sie zu entführen, und zwar wie? Ganz heimlich bei Nacht. Wie nämlich in den

Rockies der Cowboy das macht. Wer hätte das gedacht: Zwischen Viehauf- und -abtrieb, Feuergefechten mit Banditen und amerikanischen Ureinwohnern, dem Applizieren von Brandzeichen am Hintern der Rinder, dem Aufhängen von Viehdieben ist immer noch Zeit für eine nächtliche Entführung, aus Liebe natürlich. Es ist ein wirklich romantisches Lied, er wünscht sich im weiteren Verlauf, dass ihr Vater sie fragt: »Warum gerade den?« Und fährt fort mit: »O Linda, das wär ja so schön.« Ein unreiner Reim, aber da sind die heutigen Liedermacher viel skrupelloser.

Das war eine schwere Zeit. Wenn ich Klamotten brauchte, kaufte meine Mutter Sonderangebote mit kleinen Fehlern, weil sie billiger waren, Hosen mit dem Reißverschluss an der Seite und den Taschen vorne. Ich weiß nicht mehr, wie oft ich aus einer Eisdiele rausgeflogen bin, nur weil ich nach Kleingeld suchte …

Aber irgendwie gelang es mir, vierzehn zu werden, und ich verliebte mich in Vera. Vera war dreiundvierzig und die Frau meines Erdkundelehrers. Wenn sie wirklich gewollt hätte, hätten wir etwas Einmaliges aufbauen können, aber sie zog die Sicherheit an der Seite eines Pensionsberechtigten vor.

Na ja, ist auch besser so, sonst wäre ich jetzt schon glücklich verwitwet.

Doch damals waren es Liedzeilen von Ivo Robic, die mich vor einer Kurzschlussreaktion bewahrten:

»Doch nimm das alles nur nicht so schwer und denke stets daran,

mit siebzehn fängt das Leben erst an.«

Dieses Lied gab mir die Kraft, darauf zu hoffen, dass auch ich eines Tages mal siebzehn sein würde und das Leben dann anfinge.

Diese Zahl siebzehn kann man fast als die magische Zahl des deutschen Schlagers bezeichnen, denken Sie an Peggy March:

»Mit siebzehn hat man noch Träume, da wachsen noch alle Bäume in den Himmel der Liebe.«

Oder denken Sie einmal mehr an Udo Jürgens:

»Siebzehn Jahr, blondes Haar, so stand sie vor mir.« Da hab ich natürlich gedacht: Wie jetzt? Was heißt so? Nur siebzehn und blond? Also mit nix an. Dann wäre die logische Fortsetzung gewesen: Siebzehn Jahr, blondes Haar und schon stand er mir.

Aber wenn siebzehn das Jahr der Verheißung ist und alles deutete darauf hin, damals, hätten Karat und später Peter Maffay eigentlich singen müssen:

»Über siebzehn Brücken musst du gehen, siebzehn dunkle Jahre überstehen,

siebzehn Mal wirst du die Asche sein, aber einmal auch der helle Schein.«

Zeitung sei Dank

Einen großen Prozentsatz seines Bühnenmaterials bezieht ein Komiker aus Zeitungsmeldungen, über die er sich dann so seine Gedanken macht: »Polizei testet Geier zur Leichensuche.«

Truthahngeier können tote Körper aus großer Höhe aufspüren und könnten bei der Suche nach Leichen eingesetzt werden. Ein Test in der Lüneburger Heide soll das klären. Wie Test? Die wollen also eine Leiche irgendwo ablegen und sie dann von den Geiern suchen lassen. Wo kriegen die die her? Durch persönliche Vorsprache bei trauernden Hinterbliebenen? »Sagen Sie, Sie hatten doch für Ihren Opa eine Feuerbestattung geplant. Da kommt es doch auf den Zustand nicht so an. Und Ihr Opa könnte sich um das Polizeiwesen sehr verdient machen, könnte praktisch zum Ehrenwachtmeister ernannt werden, mit Urkunde und allem Pipapo.« Und hinterher, wenn die Geier tatsächlich verbeamtet worden und im Einsatz sind: »Herr Sowieso, wir haben eine gute und eine schlechte Nachricht, welche wollen Sie zuerst hören?«

»Die schlechte, bitte.«

»Jut, also, Ihre Frau ist tot, die jute ist, unsere neuen Kollegen haben sie gefunden. Jetzt gibt es aber noch einen kleinen Wermutstropfen, sie haben sie lange vor uns gefunden, und wie Geier so sind, die können ja auch nicht aus ihrer Haut raus …«

Oder andere Meldung, aus einer Provinzzeitung: »In Dülmen zog sich in einer Einkaufspassage ein Pärchen aus und liebte sich nach allen Regeln der Kunst auf dem kalten gepflasterten Boden. Augenzeugen alarmierten die Polizei, die das Paar darüber aufklärte, dass es mit einem Bußgeld von 80 bis 100 Euro pro Kopf rechnen muss.«

Ich muss sagen, ich war geschockt, als ich das las. Was ist das für ein Land, wo Menschen sich liebhaben und Unbeteiligte holen die Polizei. Und dann sah ich sofort den Film vor meinen Augen, den man darüber drehen könnte, für *Brisant* zum Beispiel: Also da würde ich dann natürlich nicht das rammelnde Pärchen zeigen, sondern diese zwei Denunzianten, wie sie telefonieren, dicke Brille, er am Sabbern, aber dann natürlich auch die Guten, Menschen, die Decken holen und Schampus oder so ein Gästebett aus der Fernsehwerbung, das sich in zwei Minuten selber aufbläst, zwanzig filmen mit dem Handy, ein anderer wird seine Kinder auf die Straße zitieren und sagen: »Vergesst das mit den Bienen und den Blumen, so geht's!« Die begeisterten Zuschauer machen Laola oder andere Anfeuerungsgesänge, Ficke facke, Leute schließen Wetten ab, wer zuerst kommt, andere machen einfach mit. Interessant vielleicht noch, wie der Dialog mit den Polizisten im Wortlaut verlief: »... und machen wir Sie darauf aufmerksam, dass ein Bußgeld von 80 bis 100 Euro pro Kopf fällig wird!«

Was heißt das: Achtzig ist die Grundgebühr und dann zwei Euro für jede weitere Nummer? Scheiß drauf, hier sind die zweihundert, wir haben nämlich mit unseren Freunden um fünfhundert Euro gewettet, dass wir hier in der Passage schrubbern ...

Triple-S

»Hallo Theresa, Sebastian hier, gehst du mit ins Triple-S?«

»Was ist das denn?«

»Du, das ist der Hammer, Triple-S heißt Sprachspiel-Spelunke, da gibt es jeden Abend so Wortwettbewerbe auf der Bühne, das ist total witzig. Da könnten wir doch mal mitmachen!«

»Ich bin nicht witzig.«

»Na klar bist du das, du merkst es nur oft nicht.«

Die Kneipe war schon gut gefüllt, als sie kamen, aber es gab noch einen Zweiertisch in Bühnennähe. Um halb neun ging es auch schon los, zwei Pärchen traten gegeneinander an.

Erster Wettbewerb: Sätze bilden.

Der Spielleiter gab dem ersten Paar ein Anfangswort vor, dann musste der Satz abwechselnd fortgeführt werden, also er ein Wort, sie ein Wort und so weiter. Das Paar, das in einer Minute den sinnvollen Satz mit den meisten Wörtern gebildet hatte, machte den Punkt. Der Siegersatz lautete: Wer einmal im Leben nicht wenigstens einen Sohn gezeugt, einen Baum gepflanzt und ein Haus gebaut hat, darf sich nicht wundern, wenn alle sagen, du hast nicht wirklich gelebt, sondern nur auf Erden gewohnt.

»Na ja«, sagte Sebastian, »man merkt natürlich, die beiden sind eingespielt und versuchen, mit Sprichwörtern und anderen Versatzstücken auf eine hohe Wortzahl zu kommen, aber sie sind nicht witzig.«

Die zweite Runde war ein Ausscheidungs-Reimspiel, wer nach fünf Sekunden keine passende Fortführung wusste, war raus. Der Spielleiter gab vor: Keine Tat ohne Plan. Plan war das Wort, zu dem Reimworte gefunden werden mussten; am Anfang ging es zügig: Kein Huhn ohne Hahn, keine Familie ohne Ahn, kein See ohne Schwan, kein Salz ohne Gran. Da gab es dann schon Gemurmel, weil Gran heutzutage nicht mehr in jedermanns passivem Wortschatz vorhanden ist, kein Mund ohne Zahn, danach wackelte der Nächste, das Publikum zählte laut runter: fünf, vier, drei, vier ... dann kam es aber doch: kein Schwung ohne Elan, der Dicke, der dann an der Reihe war, holte den bisherigen Lacher des Abends mit: kein Furz ohne Methan, die nächste Frau schied aus, der männliche Teil des anderen Paars ebenfalls, das übrig gebliebene Mädchen bäumte sich noch mal auf mit: Keine Uni ohne Dekan. Der Dicke konterte sie dann aber mit »Kein Herd ohne Ceran« aus. Es stand 1 zu 1.

»Jetzt kommt mein Lieblingsspiel«, flüsterte Sebastian Theresa zu, die gerade ihr Chili con Carne verdrückt hatte und nun verstohlen ein Aufstoßen unterdrückte, »damit werden wir sie nachher plattmachen.«

»Wieso werden wir denn mitspielen?«

»Weil ich wusste, dass du mitgehen würdest und ich uns vorgestern schon angemeldet habe. Prösterchen, auf unseren Sieg!«

Theresa fühlte sich kurz überrumpelt, beschloss aber blitzschnell, das Ganze witzig zu finden, zumal das Chili hervorragend gewesen war und Sebastian ohnehin in ihren gedanklichen Planspielen bezüglich Paarbildung und Mutterschaft immer mal wieder auftauchte. Aber nun ging es um die Wurst: Jedes Paar hatte eine Minute Zeit, um aus fünf vorgegebenen Wörtern fünf Sätze zu bilden, deren Wörter mit den Buchstaben des jeweiligen vorgegebenen Wortes begannen.

Paar 1 hatte einen Blackout und schaffte nur drei Wörter. Aus »Vater« machten sie: Vera angelt täglich einen Rochen, aus »Krank«: Kant rammt als Nächsten Kopernikus, worauf Theresa spontan anmerkte, »rammelt als Nächsten Kopernikus« wäre witziger gewesen.

Sebastian sah sie verzückt an und nahm sie in den Arm.

»Siehst du, das ist es, was ich meinte, wir werden sie so was von plattmachen!«

Der dritte Satz war dann auch nicht toll. Vorgabe: »Lampe.« Daraus wurde: Läuse am Po pieken eklig.

»Schwach«, sagte Sebastian.

»Komm«, meinte Theresa, »so schlecht war das nicht.«

Das zweite Pärchen schaffte vier gültige Sätze, von denen einer selbst Sebastian widerwillige Bewunderung entlockte: Aus »Ohren« wurde: Ob heutzutage riesige Eier nützen?

Theresa überraschte ihn aber einmal mehr mit der kritischen Anmerkung: »Warum muss es immer Schweinkram sein? Ohne Hörgerät riecht Elisabeth nichts, ist doch viel subtiler!«

»Ja, wenn es dir rechtzeitig einfällt, wunderbar. In zehn Minuten sind wir dran und fordern das Siegerpärchen raus. Die sind übrigens schon drei Jahre zusammen.«

»Was willst du damit sagen?«

»Nichts, außer dass sie eingespielt sind, aber das machen wir durch Unverbrauchtheit wett. Willst du auch noch einen Beschleuniger vorher?« »Nein danke, erst nachher, wenn wir uns nicht blamiert haben.«

Als sie auf der Bühne saßen, brach Sebastian dann doch der Schweiß aus, Theresa wirkte dagegen total cool, fast abgebrüht. Der Satz-Wettbewerb: Die Auslosung ergab, dass das andere Paar begann. Und das machten sie nicht schlecht. »Am Arsch, den ich schon seit längerer Zeit nicht geküsst habe, bilden sich langsam, aber sichtbar deutliche Furunkeln.«

Sebastian schnaufte tief durch. Auch ihnen gab der Spielleiter eine Präposition vor: »Neben.«

Die Zeit lief, Theresa schlug auf, und es lief, als hätte sie nie etwas anderes gemacht: »Neben meiner stark behinderten, aber ausgesprochen gut aussehenden, nymphomanen Schwägerin wirkst du, wie wenn Gott nach schwerer Krankheit hinsichtlich seines Schöpfungsplans Abstriche gemacht hätte.«

Das *hätte* kam wirklich in der letzten Sekunde. Vierundzwanzig Wörter, sechs mehr als die Kontrahenten, und ein recht hoher Humorkoeffizient. Bühnenrekord in dieser Disziplin beim ersten Auftritt. Das Publikum war begeistert.

Zweite Runde: Diesmal wurde nicht gereimt, sondern es wurde eine Kategorie vorgegeben, in diesem Fall »Nahrungsmittel«, und jeder genannte Begriff musste mit dem letzten Buchstaben des zuletzt genannten Wortes beginnen. Vom Zuschauerraum aus gesehen, saßen Theresa und Sebastian rechts, die beiden anderen, Thommy und Liz, links.

Thommy fing an. »Ente«, Liz: »Erbsen«, Theresa stockte schon, sie war von dem Anfangserfolg noch sichtlich geschockt, Sebastian wollte schon »Nougat« vorsagen, was natürlich streng verboten war, aber Theresa rettete sich so gerade noch mit »Nüsse« über die Zeit. Sebastian haute »Elchgulasch« raus, Thommy ließ sich nicht lumpen und genoss sein Wort sichtlich: »Hasenrückenfilet«, Liz setzte mit »Truthahn« fort, und dann lief es einige Minuten lang, bis die Speisen auf E knapp wurden. Theresa flog nach Lasagne raus und Sebastian nach Ratatouille. Ein Dämpfer, aber das Publikum freute sich nun umso mehr auf die Endrunde.

Es wurde *best of five* gespielt. Beide Paare bildeten einen Satz zum selben Wort, und das Publikum stimmte per Applaus ab, wer den Punkt bekommen sollte. Und das war natürlich der witzigere Satz. Das erste Wort war: Kohle.

»O. k.«, rief der Spielleiter, »Team A legt vor!« Das waren Liz und Thommy.

Und das war nicht schlecht: »Kombiniere, Otto hat leichte Erektionsstörungen.« Viele Lacher.

»Und jetzt Team B!«

Theresa grinste erst Sebastian an und sagte dann: »Klasse, ohne Herren läuft es!« Alles johlte, Punkt an Team B. Nächstes Wort: Berge. Diesmal sprang Sebastian der Satz sofort an: »Beischlaf erledigt Rudi ganz ehrenamtlich.« Und das schlug locker den Satz der Gegner: »Bevor Emil rennt, geht er.« Obwohl der nicht schlecht war. Noch ein Punkt fehlte zum Sieg.

Nächstes Wort: Knabe. Jetzt war sich Sebastian absolut sicher und wollte sich schon beim Dichten schlapplachen: »Kein Norweger arbeitet bei Erektionen.« Aber den Punkt machten die anderen mit: »Kein nackter Abt bleibt einsam.«

Theresa raunte ihm zu: »Nicht so hastig, lass uns doch mal zusammen überlegen.«

Das passte Sebastian gar nicht, Kritik am Meister mitten im Wettkampf. »Achtung, hier kommt das vierte Wort: Amsel.«

Jetzt passierte etwas Seltsames. Sebastian dachte, warum Amsel, warum nicht Braut? Da hätte ich sagen können: Beate riecht auch unten toll, oder Horst, auch schön: Horst onaniert regelmäßig seit Totensonntag. Und dann war die Zeit um.

Team A legte vor: »Am Marterpfahl singt Erich Lieder.« Riesenjubel.

Theresa konnte immerhin noch etwas vorweisen: »Am Matterhorn steht ein Lama«, aber das reichte nicht.

Die fünfte und entscheidende Runde, traditionell wurde ein prominenter Name vorgegeben, und das war diesmal: Angie. Sebastian riss sich zusammen und bezog Theresa mit ein. »Am Nordpol gehen Igel ein« gegen »Auch Nutten gehen ins Exil«.

»Gleichstand«, verkündete der Spielleiter, »dasselbe Wort, neuer Satz!«

Ups, das war neu. Sebastian geriet wieder ins Schwimmen, als er Theresa lächeln sah. Team A legte vor: »Auch Nacktfotos gelingen im Einzelfall.« Viel Beifall, aber schlagbar.

Theresa sagte: »Alte Nonnen gehören in Einzelzellen.«

Und das reichte zum Sieg. Sebastian bekam seinen Beschleuniger, Theresa nahm auch einen und sagte: »Das war toll, das müssen wir unbedingt wiederholen.«

Und dasselbe sagte sie gegen vier Uhr morgens noch mal.

Weihnachtshasserabend

Wie jedes Jahr gingen Susanne und Jörg am 24. Dezember ins Triple-S. Dort hatten sie sich kennengelernt und es war die beste Programmkneipe des Landes. Heiligabend war immer Großkampftag, insgesamt vier verschiedene Wettbewerbe. Klassisches Poetry-Slamming, die Konkurrenten hatten fünf Minuten Zeit, einen Antiweihnachtstext vorzutragen, dann gab's das Gleiche in gesungen. Die nächste Disziplin war eine gespielte Szene, das war Susannes und Jörgs Baustelle, und den Abschluss bildete um Mitternacht der weihnachtliche Motivstriptease, bei dem das Geschlecht keine Rolle spielte. Die Stammgäste erinnerten sich noch gerne an den Vorjahreseklat, als eine Künstlerin, bevor sie sich ihres Tannenbaumkostüms aus echten Zweigen entledigen konnte, in Brand geriet. Sie wurde rasch und begeistert mit einer Vielzahl von Getränken gelöscht, der Brandstifter wurde nie ausfindig gemacht, zumal ihr auch mehrheitlich der Sieg in dieser Disziplin zugesprochen wurde. Es gab immerhin zweihundert Euro und natürlich freies Essen und Trinken für den Sieg, alle Gäste und Mitwirkende löhnten fünfzig Euro für Eintritt, Büfett und alkoholfreie Getränke plus Bier. Das war happig, aber allen war es das wert, denn Heinzi, der Wirt, ließ es kulinarisch wirklich krachen, es gab Fingerfood aus aller Welt. Um zwanzig Uhr ging es los.

Den Anfang machte ein Unsympath im Weihnachtsmannkostüm, der in gereimter Form von seinen sexuellen Erlebnissen bei Bescherungen berichtete. Der Sprachduktus erinnerte stark an *Mainz, wie es singt und lacht*, der Künstler bediente sich auch der dortigen Mundart. Kostprobe: »Die Alte war zwar schon angegammelt, isch hab se trotzdem schön – beschert.«

So ging's in einer Tour, bis kurz vor Ablauf der fünf Minuten, als im Zuschauerraum schon betretenes Schweigen herrschte, eine Frau dem Künstler einen mit vier rohen Eiern gefüllten BH an den Kopf warf. Da war erstmalig Stimmung in der Bude, die der nächste Vortragende aber umgehend mit seinen Bekenntnissen eines depressiven Weihnachtsmanns killte. Der Nächste dozierte über die physikalische Unmöglichkeit, als Einziger alle Kinder auch nur des Bundesgebietes pünktlich und zeitgleich zu bescheren. Der Sieg ging an eine Frau, die sehr komisch davon berichtete, wie sie unter Vorspiegelung alleinerziehender Mutterschaft einen Weihnachtsmann beim Studentenwerk bestellt habe, und zwar als letzten Auftrag des Tages, der sich beim Verführungsversuch als Masochist entpuppte, der nichts weiter wollte, als mit der Rute verdroschen zu werden, die er natürlich auch bei sich führte. Das Komischste war dann die Diskussion, wer nun wem etwas bezahlen müsse.

Das Ganze hatte fast eine Stunde gedauert, in der Jörg sich Unmengen an Nahrung und Bier zugeführt hatte, damit die fünfzig Euro sich auch rechneten. Er war nämlich keineswegs sicher, dass sie mit ihrer Paarszene gewinnen würden. In regelmäßigen Abständen sagte Susanne: »Jörg, bitte, denk an unseren Auftritt!«

Und er: »Keine Bange, bin gleich durch mit dem Büfett, mir fehlen nur noch die syrischen Kibbeh!«

»Bitte?«

»Nich Bitte, Kibbeh! Das sind frittierte Krapfen aus Bulgur, Zwiebeln, Hack und natürlich Gewürzen, köstlich!«

In der Zwischenzeit hatte der Sängerwettstreit begonnen. Der Erste ließ das Publikum einen Kanon singen zu »Alle Jahre wieder kommt das Christuskind und singt Weihnachtslieder, die echt scheiße sind«. Nach dem dritten Durchlauf war die Luft raus und der Applaus entsprechend mager. Danach trat ein echt guter Peter-Maffay-Imitator auf und unterlegte Weihnachtslieder mit Maffay-Texten, zum Beispiel »Es war Sommer« auf »Stille Nacht«

oder »Josie Josie« zu »Morgen Kinder wird's was geben«. Mittlere Begeisterung.

Davon hatte Jörg aber nichts mitbekommen, er hatte zwei Drittel der kulinarischen Weltreise ausgekotzt. Leichenblass, aber gut erholt, kehrte er an den Tisch zurück und nippte am Wasser.

»Geht's dir nicht gut?«, flüsterte Susanne, um den Künstler nicht zu stören, der gerade »Süßer die Glocken« in Kindergeheimsprache sang, also: »Süllewüßellewer dillewie Glollewockellewenn nillewie klillewingellewen.« Beim Applaus war allen klar, dass das nicht zu toppen sein würde.

Tatsächlich konnten die beiden, die noch kamen, nur Achtungserfolge erzielen, obwohl »O Tannenbaum« als Rap mit amtlichem Playback durchaus was hat. Die Interpretation von »Auf dem Berge, da wehet der Wind«, unterstützt von einem Laubbläser, weckte eher den Unmut der betroffenen Zuschauer. Mittlerweile ging es auf zweiundzwanzig Uhr zu, alle warteten eigentlich nur noch auf die Stripper-Runde, aber Heinzi moderierte die szenischen Darbietungen an. Als Erstes kamen zwei als Landstreicher kostümierte Herren mittleren Alters, die Becketts *Warten auf Godot* zu »Warten auf das Christkind« umfunktioniert hatten, und sie schafften es – o Wunder! – tatsächlich, genauso langweilig zu sein wie das Original. Nach gefühlten dreißig waren die fünf Minuten um, und ein junges Pärchen kam auf die Bühne und lieferte mit einem Klapptisch, zwei Stühlen und einem Fondueset eine sehr komische Szene, die über dem Streit wegen der ungeraden Zahl an Langusten und fehlender Saucen in der sofortigen Trennung endet. Viel Applaus.

»Scheiße«, zischte Susanne, »die haben unser Thema!«

»Dann machen wir eben was anderes!«

»Was denn?«

»Wir improvisieren!«

»Über was denn?«

»Über deine Mutter.«

»Häh? Geht's noch? Meine Mutter bleibt da schön außen vor!«

»Hättest du das mal gesagt, als wir Weihnachten geplant haben.«

In diesem Moment rief Heinzi ihre Namen, und sie mussten auf die Bühne.

»Tja, liebe Leute«, begann Jörg, »wir müssen umdisponieren, weil die Kollegen vor uns schon das Weihnachtsessen thematisiert haben, aber das macht nichts, Sie erleben jetzt eine authentische Diskussion darüber, warum es morgen am ersten Weihnachtsfeiertag bei uns kein Weihnachtsnümmerchen geben wird!«

»Sag mal, spinnst du jetzt total«, keifte Susanne so echt, dass es nur echt sein konnte; schlagartig wurde es still, die Spannung im Zuschauerraum war fast mit Händen greifbar.

»Weil Susannes Mutter in unserem Bett schläft, Susanne auf der Couch und ich auf der Luftmatratze. Jetzt denken Sie vielleicht: Haben die keinen Tisch oder eine Waschmaschine oder wenigstens einen Teppich? Doch, haben wir, aber egal, wann und wo wir es probieren würden, sagen wir drei Uhr nachts auf dem Teppich, mittendrin käme die Alte aus dem Schlafzimmer und würde sagen: ›Nicht erschrecken, Kinderchen, aber ich konnte nicht schlafen, habt ihr vielleicht Lust, Kniffel zu spielen?‹«

»Nur weil das einmal passiert ist, willst du mich jetzt mit Liebesentzug bestrafen, ganz abgesehen davon, dass ich das hier nicht diskutieren möchte!«

»Das machen wir ganz demokratisch«, sagte Jörg, »wer ist dafür, dass wir die Diskussion abbrechen?«

Keine Hand ging hoch, dafür waren etliche »Nein, bloß nicht, untersteht euch, wagt es nicht« und so weiter zu hören.

»Dann wäre das ja geklärt, aber es gibt etwas, was mich noch viel mehr an deiner Mutter stört.«

»Hallo, Kinder«, rief eine rüstige ältere Dame, »ihr müsst ein bisschen lauter reden, ich hör doch nicht mehr so gut. Ich habe mir gedacht, kommst du mal einen Tag früher und guckst dir an, wo die Kinder immer den Heiligen Abend verbringen!«

Der König der Tiere

Vorrede

Die Titelgeschichte dieses Büchleins ist inspiriert von Äsop, dem berühmten antiken griechischen Dichter und Begründer der europäischen Fabeldichtung, der vermutlich im 6. Jahrhundert v. Chr. lebte. Bei seinen Werken handelt es sich häufig um sehr kurze Geschichten, die als Gleichnis daherkommen. Die angesprochenen menschlichen Schwächen sind die üblichen Verdächtigen: Neid, Dummheit, Geiz, Eitelkeit und dergleichen mehr. Handlungsträger sind häufig Tiere. Auffallend oft ist die Moral von der Geschicht regelrecht deprimierend, hier eine kleine Kostprobe:

Der Adler und die Schildkröte

Eine Schildkröte bat einen Adler, ihr Unterricht im Fliegen zu geben. Der Adler suchte es ihr auszureden, aber je mehr er sich bemühte, ihr das Törichte ihres Wunsches klarzumachen, desto mehr beharrte sie darauf. Ihrer dringenden Bitten müde, nahm der Adler sie endlich mit in die Luft und ließ sie ungefähr turmhoch herabstürzen; zerschmettert lag sie auf der Erde und musste so ihre Torheit büßen.

Was lehrt uns das? Wenn Adler genervt sind, neigen sie zur Überreaktion, sind also als Pädagogen eine glatte Fehlbesetzung, und Schildkröten neigen zur Selbstüberschätzung. Die wichtigere Frage ist aber: Warum empfinden wir Sympathie für den Adler? Weil er den alten Spruch: Wer nicht hören will, muss fühlen, mit neuem Leben erfüllt? Weil in unserer Zeit, wo man alles ausdiskutiert und weichspült oder weil, wie es im Fußball immer heißt, die »echten Typen« aussterben«, so 'n Typ mal richtig guttut?

Aber Äsop kann auch anders.

Das Rebhuhn und die Hühner

Ein Hühnerfreund kaufte ein Rebhuhn, um es in seinem Hof mit seinem andern Geflügel laufen zu lassen, allein die Hühner bissen und trieben es stets vom Fressen ab. Dies schmerzte das Tier sehr, denn es glaubte, es geschehe ihm diese Zurücksetzung, weil es fremd sei; betrübt zog es sich in einen Winkel zurück. Bald aber tröstete es sich, als es sah, dass sich die Hühner untereinander ebenso bissen, und sprach zu sich: Wenn diese schlechten Tiere Feindseligkeiten sogar gegen sich selbst ausüben, so werde ich wohl eine solche Behandlung mit Gleichmut ertragen können.

Erschreckend aktuell, aber auch tröstlich, denn diese Geschichte könnte so manch einem Flüchtling, der versucht, hier Fuß zu fassen, die Augen öffnen.

Aller guten Dinge sind drei.

Die beiden Hähne

Von zwei Hähnen, welche um Hennen miteinander kämpften, behielt der eine die Oberhand über den andern. Der Überwundene zog sich zurück und verbarg sich an einem dunklen Orte; der Sieger aber flog aufwärts, stellte sich auf eine hohe Wand und krähte mit lauter Stimme. Da schoss jählings ein Adler herab und nahm ihn mit sich fort. Nunmehr kam der Versteckte ungehindert wieder aus seinem Verschlupf hervor und gesellte sich zu den Hennen.

Hier zeigt sich, wie modern der olle Äsop ist, denn diese Fabel hat offensichtlich Pate gestanden für einen Hühnerwitz, der heute noch fester Bestandteil des agrikulturellen Witzekanons ist:

Hühnerhof: Der Hahn ist schon alt, daher beschließt der Bauer einen jungen Hahn zu holen, der für Küken sorgen soll. Der junge Hahn wird in das Gehege gesetzt. Der alte Hahn geht auf ihn zu und sagt: »Ich weiß, in einem Kampf hab ich keine Chance gegen dich. Ich überlasse dir die Hennen, aber lass mir wenigstens meine Lieblingshenne!«

»Nein«, antwortet der junge Hahn, »wenn, dann will ich auch alle Hennen.« Der alte Hahn macht dann einen Vorschlag: »Wir machen ein Wettrennen. Wenn ich gewinne, lässt du mir meine Lieblingshenne. Wenn du gewinnst, kannst du alle haben. Aber da ich nicht mehr der Jüngste bin, lass mir bitte einen Vorsprung.« Der junge Hahn ist einverstanden. Der alte Hahn läuft los. Zwei Sekunden später läuft der junge Hahn los, als er den alten Hahn fast eingeholt hat, gibt es einen Knall, und der junge Hahn fällt tot um. Der Bauer lädt die Flinte nach und denkt: »Scheiße noch mal, schon der dritte schwule Hahn diese Woche.«

Der König der Tiere

Eines Tages versammelten sich die Tiere, um einen König zu wählen. Der Löwe meldete sich als Erster. »Liebe Freundinnen und Freunde«, begann er …

»Wenn ich das schon höre«, brüllte ein junges Zebra, »Freundinnen und Freunde, wir sind Beutetiere für dich, wobei du faule Sau nicht mal selber jagst, das lässt du deine Olle erledigen, also für mich, und ich denke, ich spreche im Namen aller Vegetarier, kommt nur ein König infrage, der keine Untertanen frisst.«

Zustimmendes Gemurmel war zu hören, der Löwe wollte dem Zebra an die Gurgel, aber sofort stellten sich erstaunlich flink zwei Elefanten davor und trompeteten warnend.

»Ich denke, die Ernährung sollte bei der Eignung für das Königsamt nur eine sehr untergeordnete Rolle spielen«, meldete sich die Gepardin zu Wort, »wichtiger ist wohl die persönliche Lebensleistung, ich bin alleinerziehende Mutter, habe aktuell sieben Kinder wie Frau von der Leyen, die ich zwei Jahre ernähren werde, also meine Kinder, nicht Frau von der Leyen, und ich bin das schnellste Landtier der Erde, ich renne hundert Stundenkilometer in der Spitze.«

»Da lach ich doch«, schrie der Falke, »ich komme im Sturzflug auf über dreihundert Stundenkilometer und bin damit das schnellste Lebewesen überhaupt. Außerdem schwebe ich über den Dingen und habe alles im Blick, kann bei Bedarf jeden meiner Untertanen warnen.«

»Entschuldigt mal, Leute«, rief der ranghöchste Bonobo, ein immergeiler Zwergschimpanse, »man sollte doch vielleicht mal überlegen, ob man von seinem König nicht was lernen kann, so in Richtung emotionale Intelligenz. Wir Bonobos kennen keinen Streit, weil wir jede Meinungsverschiedenheit mit Sex aus der Welt schaffen, ficken für den Frieden, sozusagen!«

»Sex wird eindeutig überbewertet!«, brüllte ein riesiger Gorilla und trommelte sich auf die gewaltige Brust, »ein König muss was hermachen, muss repräsentieren und was in der Birne haben.«

»Na ja, das würde ich auch sagen, wenn mein Dödel nur fünf Zentimeter lang wäre«, trompete ein Elefantenbulle und schlenkerte übermütig sein halb ausgefahrenes Prachtstück herum.

»Donnerwetter«, sagte ein rassiger Araberhengst, »ich habe immer gedacht, ich bin nicht schlecht bestückt, aber dagegen – was hast du da, einen Meter?«

»Etwa eins fünfzig voll ausgefahren, damit habe ich letzte

Woche zwei Ärzte k. o. geschlagen, die mir eine Spermaprobe entnehmen wollten.«

»Also wenn das das Kriterium ist, kann es nur einen König geben«, rief die Wanderratte, »ich kann bis zu fünfhundertmal in sechs Stunden!«

»Na toll, und wann willst du dann deinen Job als König machen?«, fragte der Elefantenbulle von eben. »Ihr Kleintiere haltet jetzt mal alle die Klappe, das machen wir Großen jetzt unter uns aus. Ich lasse bei einer Entleerung dreißig Kilo fallen. Versteht ihr? Dreißig Kilo! Ich kann ein komplettes Rattenrudel zuscheißen!«

»Na, so langsam kommen die interessanten Themen auf den Tisch«, rief das Känguru, »Klimaschutz! Wir haben die Welt nur von unseren Kindern geliehen! Unter Umweltgesichtspunkten kann es nur einen König geben, mich!«

»Wieso das denn«, fragte der Elefant, »wie ich sehe, hast du nur einen Müllbeutel, du trennst also nicht!«

»Wir Kängurus furzen methanfrei!«

»Entschuldige«, rief die Eule, »das heißt nur, dass du deine Fürze nicht anzünden kannst, ansonsten wird Methan in der Atmosphäre zu Kohlenstoffdioxyd oxidiert, trägt also zur globalen Erwärmung bei.«

Daraufhin ging das Känguru erst mal eine rauchen. Der Wolf meldete sich zu Wort: »Ich möchte noch mal auf die Forderung des Zebras zurückkommen, dass der König seine Untertanen nicht fressen sollte. Also eigentlich fressen Wölfe lieber Fisch als Fleisch!«

»Woher hast du denn diese Weisheit?«, brummte der Bär.

»Das habe ich in einem Lexikon des unnützen Wissens gelesen.«

»Wölfe fressen Fisch und können lesen, das ist ja ganz was Neues, dann nehmt ihr als Angelköder wahrscheinlich einen Bücherwurm?«

Alles lachte und der Wolf verzog sich in die letzte Reihe.

»So Leute, wir haben jetzt allerlei Bewerbungen gehört, und in meinen Augen läuft alles auf mich als König raus«, rief die Giraffe. »Ich bin Veganer, habe den besten Überblick, sehe hinreißend aus, kann mir die eigenen Ohren auslecken, kann, wenn es sein muss, einen Löwen tottreten und bin ein Genusstier. Es gibt ja nichts Schlimmeres als Asketen in Führungspositionen. Die gönnen sich selbst keine Freude, allen anderen aber auch nicht. Ich dagegen genieße jeden saftigen Bissen Laub, wenn er so langsam, Zentimeter für Zentimeter die Kehle runtergleitet, oder wenn es heiß ist, so ein kühler Schluck Wasser, wie er Zentimeter für Zentimeter …«

»Hast du eigentlich schon mal gekotzt?«, fragte der Bär und sah sich Beifall heischend um.

Die Giraffe würdigte ihn keines Blickes. »Giraffen sind mehrheitlich schwul oder bi, das heißt, wir müssen uns nicht in Paarungs- oder Revierkämpfen aufreiben, sondern können uns ganz unserer Bestimmung als König widmen.«

»Oder als Königin«, ätzte der Löwe und sprach dabei betont tuckig. Ein Tritt der Giraffe ließ ihn verstummen und ab sofort nur noch über seine gebrochenen Rippen nachdenken.

In diesem Moment tauchte ein Menschenpärchen auf, nennen wir sie Hänsel und Gretel. Und Gretel sagte: »Wir haben die Diskussion verfolgt und gehört, was die verschiedenen Thronanwärter so an Qualifikationen vorzuweisen haben, und da ist uns aufgefallen, dass niemand intellektuelle Fähigkeiten genannt hat. Ich zum Beispiel habe einen Bachelor in Kommunikationswissenschaften und Hänsel hat nach seiner Banklehre BWL studiert …«

Es wurde unruhig im Saal. Rufe wie: »Menschen raus, die Natur braucht keine Klugscheißer, ey, Fleischfresser, schnappt sie euch!« wurden laut.

Hänsel und Gretel retteten sich in einen nahegelegenen Fluss, wo sie leichte Beute der Krokodile wurden, die sowieso schon angefressen waren, weil man sie nicht zur Königswahl eingeladen hatte. Dort hatte sich gerade der Koalabär zu Wort gemeldet und sagte nun: »Freunde, was soll der ganze Scheiß, wir sind alle grundverschieden und machen unser Ding. Ich würde mir doch von einem König nicht sagen lassen, dass ich weniger als zwanzig Stunden schlafen oder meine Ernährung von Eukalyptus auf Sauerampfer umstellen soll!«

Dieser Meinung schlossen sich alle an, und deswegen gibt es bis heute keinen König der Tiere.